“抵御外侮——中华英豪传奇”丛书

丛书主编　张海鹏

威震南粤

东江纵队

魏法谱　宋　丽◎著

南京出版传媒集团
南京出版社

图书在版编目(CIP)数据

威震南粤东江纵队 / 魏法谱，宋丽著. -- 南京 ：南京出版社，2024. 8. --(抵御外侮 ：中华英豪传奇).

ISBN 978-7-5533-4881-0

Ⅰ. E297.3

中国国家版本馆 CIP 数据核字第 2024H9A435 号

书　　名　威震南粤东江纵队

作　　者　魏法谱　宋　丽

出版发行　南京出版传媒集团

　　　　　南　京　出　版　社

社址：南京市太平门街 53 号　　邮编：210016

网址：http://www.njcbs.cn　　电子信箱：njcbs1988@163.com

联系电话：025-83283893、83283864(营销) 025-83112257(编务)

出 版 人　项晓宁

出 品 人　卢海鸣

责任编辑　周　莉

封面设计　石　慧

责任印制　杨福彬

排　　版　南京新洲印刷有限公司

印　　刷　江苏凤凰通达印刷有限公司

开　　本　787 毫米×1092 毫米　1/32

印　　张　5.125

字　　数　90 千字

版　　次　2024 年 8 月第 1 版

印　　次　2024 年 8 月第 1 次印刷

书　　号　ISBN 978-7-5533-4881-0

定　　价　22.00 元

上架建议：教育・历史

用微信或京东
APP扫码购书

用淘宝APP
扫码购书

总　序

在中华民族的历史上，沿海倭寇的肆意袭扰，西方列强的坚船利炮，侵华日军的烽火狼烟，一次又一次将中华民族推向生死存亡的边缘，给中华民族带来了深重的灾难与难以磨灭的痛苦记忆。中国从一个封建国家演变为一个半殖民地半封建国家。国运危亡，威胁着每一个中国人。

天下兴亡，匹夫有责。抵御外侮，救亡图存，成为面临外敌入侵、民族危亡时中国人思考的第一课题。也正是在这样的危难时刻，中华民族产生出一个又一个舍生取义、矢志报国的英雄豪杰，他们一回又一回地挽狂澜于既倒，扶大厦于将倾。他们的丰功伟绩，不只是单纯地拯救了某个王朝，某个皇帝，而是拯救了整个中华民族的血脉与希望；正像我们的国歌所唱的那样：把我们的血肉铸成新的长城，他们的奋斗和牺牲，把中国的历史命运一次一次推向一个进步的新阶段；他们的高风亮节，不只是中华儿女景仰、学习的榜样，也是人类不屈不挠、英勇抗暴精神的象征。抗敌御侮的英雄事迹，构成了中华优秀传统的新的篇章。

中华民族没有在外敌面前屈服、倒下，而是在一次一次斗争后走向新生，走向进步。作为唯一延续至今未曾中断过的中华文明不断在成长，中华民族依旧傲然挺立于世界民族之林，中华民族的文化传统，不仅没有消逝在历史长河之中，反而发扬光大，成为造就中国特色社会主义的基本历史因素。

为了歌颂中华英豪的爱国精神，为了纪念中国人民抵御外侮的伟大事迹，为了弘扬优秀的传统文化，南京出版传媒集团·南京出版社推出“抵御外侮——中华英豪传奇”丛书。

这套丛书是面向青少年的普及性读物，聘请各有所长的学者撰写，力图用生动活泼的语言，引人入胜的故事，准确的历史事实，努力展现明清以来各个时期抵御外侮的英雄豪杰的事迹，描绘每一位英豪的成长历程和闪光人生，再现了他们人生的不朽光辉。丛书通过这些在抵御外侮中发挥重大作用的英雄人物，向广大青少年表达了中华民族热爱和平、热爱祖国的家国情怀。

如今，我们正走在中华民族复兴的伟大征程之上，国家发展前程似锦，国际地位日益提高，全世界的目光都在转向中国，可以说，今天的中国距离中华民族复兴的伟大梦想，比以往任何时候都更为接近了。越是在这种时候，我们越是要记住为实现中华民族伟大梦想而奋斗、而牺牲的先烈；在我们昂首阔步走向未来新征程的路上，我们更应该居安思危、以史为鉴。历史已经证明：每一段抵御外侮的历史，都是一段维护正义的历史；每一场抵御外侮的斗争，都是一场维护和平的斗争；每一次抵御外侮的奋斗，都是一次为了实现人民美好生活的奋斗，正义终将胜利，和平终将胜利，人民终将胜利。

“抵御外侮——中华英豪传奇”丛书在传播正能量、弘扬爱国主义情怀的同时，提醒我们，在和平时期，抵御外侮的精神同样不可或缺，抵御外侮的英豪也同样不应遗忘，我们今时今日所有的成就与繁荣，离了这种精神、这些英豪，都是万万不可想象的。

“抵御外侮——中华英豪传奇”丛书，不只是为了缅怀先烈，更是为了激励后人；不只是为了铭记历史，更是为了展望未来。

为青少年编写历史小丛书，是一项崇高的事业。20世纪50—60年代，吴晗主编了《中国历史小丛书》《世界历史小丛书》，对当时的青少年起到了历史教育的奠基作用，事实证明是成功的出版经验。我期待南京出版社继起努力，把这个崇高的事业承担起来，拓展开来。为这个崇高的事业投入人力、物力和财力，是会得到善报的，这个善报，不在多少金钱，而在一代一代具有丰富历史知识的青少年的成长，他们将成为国家的栋梁。

（中国社会科学院学部委员、中国史学会原会长）

目录

引　言

“我们是广东人民的游击队，我们是八路军、新四军的兄弟，我们的队伍驰骋于东江战场上……”一曲雄壮、激昂的《东江纵队之歌》瞬间将我们拉回到了那个战火纷飞的年代。20世纪30年代，日本帝国主义为了将中国变为其殖民地，处心积虑地发动了全面侵华战争，致使中华大地大片河山沦陷，无数生灵涂炭。广大中华儿女面对日寇的疯狂侵略、面对中华民族生死存亡的危局，同仇敌忾，前赴后继，顽强抗争，为抗日战争的最终胜利贡献了智慧和力量。

广东作为祖国的南大门，战略地位十分重要，很早就成为日本觊觎的对象。全面抗战爆发后不久，日本就发动了旨在占领广东的军事行动。很快，广东大部分地区落入日军之手，广大人民群众陷入水深火热之中。面对有备而来的日军，素来具有爱国传统的广东人民不甘屈服，在中国共产党的领导下，建立了华南抗日纵队，坚持敌后游击战争，顽强抵抗日军，使华南敌后战场成为中国共产党领导的三大敌后战场之一。其中有一支抗战部队，活跃在广东东江地区，在日伪顽的夹缝中、在与日军的战斗中不断发展壮大，成为华南抗日纵队里力量最大的一支，被誉为“广东人民解放的旗帜”，这就是闻名遐迩的广东人民抗日游击队东江纵队。

东江纵队诞生于抗日烽火遍布全国之时。在没有中共中央直接指挥，远离八路军、新四军等主力部队，孤悬敌后的情况下，这支部队从无到有、从小到大，逐步成长为叱咤东江、威震南粤的敌后抗日力量，这离不开广大指战员的浴血奋斗、不怕牺牲，也离不开华侨、港澳同胞和广大人民群众对东江纵队的大力支持，更离不开党的坚强领导。在各界的支持和广大指战员的浴血奋战下，东江纵队坚持独立自主的游击战争战略方针，人数发展到1.1万多，成为让日军闻风丧胆的一支抗日劲旅，赢得了海内外的高度赞誉。

在7年多的抗战中，东江纵队积极进行秘密大营救，配合盟军作战，打破了日伪军的多次“围剿”，击退了国民党顽军的多次进攻，控制着数百里的重要海岸线，始终牵制着日军占领的广州和香港，创造了大城市和沿海抗日游击战争的典范。东江纵队对日军作战1400多次，毙伤日伪军 6000 多人，取得了辉煌战果。建立了包括大岭山、阳台山在内的 6 万多平方公里的抗日根据地和游击区，区域内人口达 450 万以上；建立了各级抗日民主政权，使抗日大旗始终飘扬在东江大地上，为抗日战争的最后胜利作出了不可磨灭的历史贡献。

第一章　敌后建武装　东江战鼓擂

1937 年 7 月 7 日，日本悍然发动七七事变，开始全面侵华。中国军民奋起抵抗，拉开了中华民族全面抗战的序幕。作为祖国南大门的广东由于战略位置极为重要，很早就受到日本的觊觎。1937 年 8 月 31 日，日军开始了对广东各地的轰炸，造成很多人流离失所，无数生灵涂炭，财产损失不计其数。

1938 年 10 月 12 日，蓄谋已久的日军在惠阳大亚湾登陆，开始了对广东的直接军事侵略。广东国民党部队的广大爱国官兵面对装备精良、训练有素的日军，难以组织起有效抵抗，经过浴血奋战，终告不敌。21 日，广东省省会、华南重镇——广州被日军占领，珠江三角洲、海南岛等地也很快相继沦陷，全省大部分地区落入日军魔爪。

面对日军入侵，素来具有爱国传统、不甘受辱的广东人民开始了抗日救亡运动。1937 年 10 月，中国共产党南方

张文彬

工作委员会(简称“南委”)成立。不久,又成立了中共广东省委,受中共中央委派,曾任毛泽东秘书的张文彬担任书记,负责广东等地的抗日工作。在党的领导下,广东人民纷纷拿起武器,奋起抗击日本侵略者。

日军在大亚湾登陆的消息传到东莞后,10 月 15 日,中共东莞县委决定组建由县委直接领导的东莞抗日模范壮丁队(简称“模范队”),县委军事部长王作尧任队长,袁鉴文任政治指导员,全队 150 人。这是广东党组织最早组建的一支抗日武装,也是东江纵队的前身之一。王作尧和袁鉴文都是广东东莞人。王作尧 1934 年毕业于现代史上赫赫有名的军校——黄埔军校的燕塘分校第七期。毕业后,他积极在国民党军队中进行兵运工作,开展抗日救亡运动。抗日战争爆发后,他受委派回到东莞组织抗日武装。袁鉴文早年参加抗日救亡运动,曾在延安抗大和中央党校学习,结业后奉命回到广东工作。

王作尧

小贴士

黄埔军校：中国近现代历史上著名的军事学校。1924年6月，孙中山在共产国际和中国共产党的帮助下，于广东广州的黄埔岛（现长洲岛）上正式创办中国国民党陆军军官学校，亦称黄埔军校。孙中山兼任军校总理。黄埔军校在当时培养了一大批军事人才。

模范队建立后，随即投入抗击日军的战斗中，队伍很快发展到200人。他们与何与成等率领的常备队积极配合，共同在东莞石龙附近东江南岸的峡口、榴花塔一带沿江布防，与进攻东莞的日军发生激战。在广大队员的顽强拼搏下，这场战斗持续了近1个月，日军始终无法突破模范队等抗日武装的防线，并且伤亡惨重。榴花塔阻击战打退了日军的多次进攻，迟滞了日军对莞城的侵占，挫败了日本侵略者的嚣张气焰，振奋了东江地区的民心和士气。这也是中国共产党在广东组织领导人民抗日武装，对入侵广东的日军进行的一次较早的有组织的抵抗，初步树立了我党在华南敌后抗战的声誉。

廖承志

东江纵队前身之一的另一支部队——惠(阳)宝(安)人民抗日游击总队也随后宣告成立。日军在大亚湾登陆的第二天,中共中央就电示广东省委和八路军驻香港办事处:要在东江日占区后方开拓游击区。时任八路军驻香港办事处主任的廖承志(廖仲恺之子),立即召集曾生等人开会,研究如何开展东江敌后抗日游击战争问题。曾生主动请缨说:“我是惠阳坪山人,通晓当地语言,并且早先曾在东江一带进行抗日宣传,有一定的群众基础,因此更为合适。”最终,会议决定由曾生、周伯明等带领一批中共党员、进步工人和青年学生回到东江敌后开展抗日游击战争。

曾生是广东惠阳坪山人(今深圳市坪山区),早年曾在广州、香港等地读小学,后赴澳大利亚求学。随父回国后,进入中山大学学习。九一八事变发生后,他积极投入抗日救亡运动中,参加了一二·九运动,积极领导广州学生宣传抗日救国。因此,他受到国民党当局的通缉,被迫前往香港。到香港后,他又投身到海员工人运动中,继续开展抗日救亡运动。1936 年 10 月,他加入中国共产党,继续领导香港海员工人运动,直到受命回到东江组织敌后抗日武装。周伯明是广东大埔人,早年曾参加广州学生的抗日救亡运动。入党后，曾受派到张学良的东北军当兵。后到延安抗大学习。七七事变后，被派回广东工作。由于他曾在军队工作过，有较高的军事素养，自然成为回东江开展敌后抗日游击战争的理想人选。

小贴士

八路军驻香港办事处：1938 年 1 月由廖承志在香港创办。主要利用香港的特殊地位进行爱国统战和抗日宣传工作，动员和团结港澳同胞、海外华侨和国际友人支援中国的抗日战争，协助和支持广东党组织开展敌后游击战争。1942 年 1 月撤销。

1938 年 10 月 24 日，曾生等人带领一支 60 多人的队伍回到了他的故乡。他们积极开展群众工作，广泛动员各界群众参加敌后抗战，举办训练班，抓紧进行军事训练。同时，他们还努力争取国民党当地驻军联合抗日。

中共中央非常重视广东人民的抗日斗争。11 月 1 日，明确指示：广东党组织要积极组织游击队，开展敌后抗日游击战争，并在东江等地建立抗日根据地，发展人民抗日武装。

遵照中共中央指示，经过充分准备，12 月 2 日，惠宝人民抗日游击总队在惠阳淡水周田村宣告成立，曾生任总队长，周伯明任政治委员，部队有 80 多人，重机枪 1 挺、轻机枪 1 挺、长短枪 70 多支。

总队成立后，积极在淡水周围发动群众，袭扰敌人，铲除伪政权，惩办汉奸，使占领淡水的日军惶惶不可终日。不久，日军撤离淡水，总队随即收复淡水。12 月 10 日，东江地区第一个抗日民主政权——惠阳县第二区行政委员会宣告成立。行政委员会成立后，积极惩办汉奸，打击土匪，救济难民，恢复发展生产，得到各界人士和广大群众的拥护和赞扬。

曾生

随后，惠宝人民抗日游击总队以坪山为基地，进行军事训练，提高部队战斗力，不断出击敌人，部队很快发展到 200 多人，成立了三个中队。

1938 年 12 月中旬，在宝安（今属深圳市）还成立了东宝惠边人民抗日游击队第一和第二大队，黄木芬、蔡子培分别担任大队长，两个大队共约 200 人。12 月下旬，王作尧率领东莞模范壮丁队部分队员从大岭山转移到东(莞)宝(安)边界的百花洞一带,同东宝惠边人民抗日游击队第一大队会合,并以东宝惠边人民抗日游击大队的名义开展活动。1939 年元旦,经过整编,重新组建东(莞)宝(安)惠(阳)边人民抗日游击大队,王作尧担任大队长,何与成担任政训员,总人数 120 人。

这样,在与日军的激战中,中国共产党直接领导的两支东江人民抗日武装分别建立起来。他们在东江竖起了敌后抗日的大旗,担负起在东江敌后战场进行抗日救国的重要使命。

1939 年 1 月,广东省委召开第四次执委扩大会议,传达贯彻中共中央六届六中全会精神。会议确定将动员和组织广大群众,在党的领导下,开展敌后游击战争,建立巩固的抗日根据地作为当前的中心任务。中共中央也十分重视和关怀东江敌后抗日武装的发展,先后派遣梁鸿钧、卢伟良、李振亚、邬强等来到东江,以加强游击队的领导。

根据中共中央和广东省委的指示精神,东江敌后抗日武装不公开打出中国共产党的旗帜,而是以爱国青年、华侨、港澳同胞自发组织的民众抗日武装的面目出现。为此,两支部队积极加强与国民党的统战工作,取得了正式番号，东宝惠边人民抗日游击大队于1939年4月改编为第四战区第四游击纵队直辖第二游击大队（简称“第二大队”），王作尧为大队长，何与成为政训员，下辖两个中队。惠宝人民抗日游击总队于5月改编为第四战区第三游击纵队新编游击大队（简称“新编大队”），曾生为大队长，周伯明为政训员兼副大队长，下辖两个中队、一个特务队、一个民运队和一个医务所。

曾、王两部虽然取得了国民党部队的正式番号，但仍保持原来的党组织和独立的编制，在作战、训练、经济来源等方面完全独立自主。在坚持独立自主原则下取得合法地位，更有利于发动广大群众，同时得到华侨和港澳同胞的支援。在党的领导和广大群众的支持下，曾、王两部不断发展壮大，并取得了一系列战斗的胜利。

从1939年夏开始，新编大队在曾生等领导下，在葵涌、大梅沙、小梅沙、沙头角、横岗一带积极开展敌后游击战争，与敌人进行大小战斗30余次，取得了很大战果。

9月初，日军再次进犯大亚湾，先后占领了澳头、葵涌、沙鱼涌等沿海地区，妄图封锁大亚湾和大鹏湾海面，断绝内地与港澳的联系，并切断广东与海外联系的国际通道。为打击日军的嚣张气焰，12日，新编大队在友军配合下主动出击，周伯明指挥部队以夜色为掩护，通过不断转移火力，通宵达旦地持续袭扰日军的战术，打得日军坐立难安，被迫撤往澳头。新编大队乘机收复葵涌、沙鱼涌，缴获了一批武器弹药和其他物资。15日，驻扎在沙头角的日军进攻坪山，企图消灭新编大队。新编大队在当地抗日自卫队的配合下，在马峦头、溪涌一带以伏击战、麻雀战等战术袭扰敌人。日军遭到迎头痛击后，不敢恋战，仓皇撤回沙头角。此后，新编大队不断袭扰日军据点，并对四处抢掠的日军予以痛击，取得了一系列战果。

12月，新编大队在横岗以北的鸡心石伏击从东莞返回深圳的日军一个大队。日军由于刚刚取得打垮独立第二十旅一个团的胜利，一路耀武扬威，放松了警惕。当日军大摇大摆地进入伏击圈后，周伯明一声令下，新编大队的战士们以班为单位同时开火，手榴弹、子弹一股脑倾泻而下。日军突遭袭击，一时间被打得晕头转向，乱作一团，并向道路两侧乱窜，不少人应声倒地。等他们清醒过来后，立即以重机枪和迫击炮向新编大队反扑。而此时，新编大队在达到伏击杀伤敌人的目的后，早已火速脱离战场，安全转移。鸡心石伏击战打死、打伤日军30余人。

王作尧率领的第二大队深入宝太、宝深公路沿线活动，并利用群众和夜色作掩护，多次对沿线日军据点进行骚扰战，打得日军整天提心吊胆，惶惶不可终日。

为破坏日军交通，第二大队还发动了火烧大涌桥的战斗。大涌桥距离宝安县城不远，也是大涌河上唯一的公路桥，日军防范极为严密，在桥的两端构筑了碉堡，并派兵日夜守护。第二大队将参战部队分成两组，一组为突击组，负责火烧大涌桥；一组为火力组，负责掩护并以火力压制敌人。战斗打响后，突击组秘密潜入桥底，用随身携带的煤油点燃了大桥。守桥的日军发现后，立即集中火力射向突击组。火力组立即予以还击，掩护突击组的行动。敌人企图从碉堡中出来灭火，也因火力组的阻击，无法得逞。这样大涌桥被彻底焚毁，第二大队得胜而归。随后，第二大队还破坏了日军的通信网络，使日军从南头到深圳的交通和通信联络完全瘫痪，不得不龟缩在据点中，动弹不得。

1939 年底，日军集中兵力发动第一次粤北会战，东宝一带的日军也被抽调参战。第二大队利用日军兵力空虚的机会，立即挺进宝安县城所在地南头，包围了驻扎在此地的日军。守城的日军由于粮食断绝，孤立无援，被迫于 11 月 30 日晚撤出南头，经蛇口由海上逃窜。1940 年 1 月 1 日，南头被第二大队收复，这是抗战期间广东首次取得解放县城的胜利。

小贴士

第一次粤北会战：1939年12月，日军占领广州后，企图进犯广东战时省会曲江。为确保粤北防区，第四战区副司令长官兼第十二集团军总司令余汉谋指挥部队阻击日军北犯，从而开始了第一次粤北会战。此次会战历时近一个月，最后以日军败退、中国胜利而结束。

在中国共产党的领导下，曾生、王作尧等率领的敌后抗日武装，在东江的惠东宝一带坚持敌后抗日游击战争，取得了一系列战斗的胜利。这些战斗，虽然规模和战果都不算很大，但是他们以英勇顽强的战斗姿态活跃在东江敌后战场上，沉重打击了日军的嚣张气焰，鼓舞了东江抗日军民的斗志，提高了坚持和夺取抗战胜利的信心和决心。同时，也锻炼和提高了东江人民抗日武装的战斗力，初步打开了东江敌后抗日游击战争的局面。

第二章　华侨与港澳　齐心撑抗战

爱国爱乡是广大华侨和港澳同胞的光荣传统。他们一直心系桑梓，时刻关心和关注着祖国的一草一木，始终与祖国人民同呼吸、共命运、心连心。日本发动全面侵华战争后，中华锦绣河山惨遭日军蹂躏，亿万同胞陷入水深火热之中。听闻祖国和家乡父老遭难的消息，具有深厚爱国主义情怀的广大华侨和港澳同胞无不义愤填膺、悲愤异常，他们纷纷行动起来，成立各种救亡团体，捐款捐物，掀起了轰轰烈烈的抗日救亡运动。不少爱国青年纷纷回国参战，和祖国人民并肩战斗，为夺取抗日战争的最后胜利作出了巨大的历史贡献。

广东是著名的侨乡，出身广东的华侨和侨眷遍布美洲、欧洲和南洋（今东南亚一带）各地。他们和港澳同胞很早就开始支持祖国的抗战。早在 1932 年一·二八事变爆发时，香港同胞就通过捐献、慰问等形式，支持十九路军在上海的抗战。1935 年 12 月，北平（今北京）学生举行了一二·九运动，要求“停止内战，一致对外”，得到全国学生的声援和响应。港澳同胞对全国学生的爱国运动也予以积极支持。

小贴士

一·二八事变：日本武装侵犯上海的事件。九一八事变后，1932年1月28日深夜，日军突然袭击驻守上海闸北的十九路军。中国军队在蒋光鼐、蔡廷锴等率领下，奋起抵抗。日军死伤万余人，四度更换司令。3月初，由于国民党政府的妥协，十九路军弹尽援绝，被迫撤出上海，蒋介石同日本签订了《淞沪停战协定》。

随着全面抗日战争的爆发和广东大部的沦陷，同声同气的香港和澳门同胞成为广东敌后抗战的坚强后盾。许多商会、同乡会、文化团体、青年团体等纷纷组织起来，相继成立了香港学生赈济会（简称“学赈会”）、澳门四界（学术界、音乐界、体育界、戏剧界）救灾会等抗日爱国团体。惠阳青年会、海陆丰同乡会、琼崖同乡会、会宁同乡会等，都组织了回乡救亡服务团，回乡参加抗日活动，推动了广东各地抗日救亡运动的开展。

香港惠阳青年会回乡抗日救亡工作团(简称“惠青工作团”)是香港同胞组建的第一个回乡抗日救亡组织，1937年4月成立于香港，公开高举抗日救亡旗帜，积极从各方面开展抗日救亡工作，并进行募捐。全面抗战爆发后，一直到1938年10月日军入侵广东，惠青工作团由严尚民等率领，104名团员分三批回到惠阳、宝安一带进行抗日救亡活动。他们通过发传单、贴标语、发表演讲、演出话剧等，揭露日军惨无人道的暴行和沦陷区人民的惨状；指出，全国人民唯有团结抗战，才能挽救民族危亡；号召筑起人民的抗日长城，把日本侵略军淹没在人民战争的汪洋大海之中。他们的活动提高了群众觉悟，推动了东江地区抗日救亡运动的发展。香港学赈会先后组织了4个回乡服务团回到内地开展抗日救亡运动，足迹遍及广东各地。香港会宁回乡服务团先后动员了共产党员和爱国青年40多人分两批到广宁、四会一带参加抗日斗争。东江流动剧团、香港惠阳青年会剧团等也纷纷回到广东开展抗日救亡斗争。旅澳中国青年乡村服务团先后组织了2个工作队回到珠江、粤中和西江一带开展抗日救亡运动。澳门四界救灾会回国服务团组成了11个工作队，由廖锦涛等率领到东江、珠江、西江等地参加抗日斗争。

澳门四界救灾会回国服务团第二队出发前合影

广大爱国华侨和港澳同胞也大力支持中国共产党领导的东江人民抗日游击队，对东江纵队的建立和发展起了重要的作用。曾生等人领导的东江敌后抗日武装成立后，一批党员和爱国青年陆续从香港、澳门回到惠阳参加抗日斗争。短短 20 天内，有 7 个工作队、200 余人返回惠阳，他们成为东江人民抗日游击队的重要组成部分。他们中不少是夫妇、兄弟姐妹，甚至全家一起参加抗日游击队，走上抗日救国的道路。被称为“革命母亲”的香港女教师李淑桓先后将 7 个子女送到抗日部队，她本人也回东江参加了游击队，全家 8 口人都加入抗日救国的行列中。

具有爱国传统的广大华侨也加入了援助祖国抗战的

行动。马来西亚、印度尼西亚、越南、泰国、缅甸、菲律宾等南洋国家以及欧洲、南北美洲等地的华侨抗日救亡运动蓬勃发展。他们积极开展各种形式的救亡活动，支持祖国，特别是广东的抗日战争。

1938年10月，广州等地相继沦陷的消息传到南洋，南洋惠属侨胞立即行动起来，商讨如何救国救乡。10月23日，南洋英荷两属各地的惠属侨胞在马来西亚吉隆坡的惠州会馆召开南洋各埠惠州华侨代表大会。出席大会的有来自新加坡、马六甲、吉隆坡等地的代表40余人。大会宣布成立"南洋英荷两属惠州同侨救乡委员会"（简称"南洋惠侨救乡会"），以"消极赈灾与积极救乡两大原则"为宗旨，总部设于吉隆坡惠州会馆，并在香港设立办事处。大会还决定回东江进行调查，同时开展慰问和救济工作。南洋惠侨救乡会还在南洋各地成立分会和支会，把南洋英荷两属各地惠属华侨10多万人组织起来，推动了南洋各地抗日救亡运动的深入持久开展。

在八路军驻香港办事处的推动下，南洋惠侨救乡会代表何友逖等人在香港与廖承志、连贯以及当时在港的叶挺等人共同商讨救乡计划，取得了一致意见。南洋、香港两地的抗日救亡运动很快汇集在一起。12月中旬，在中共东南特委的主持下，他们共同开会商议抗日救亡计

东江华侨回乡服务团吉隆坡队抵达香港时留影

划。会议决定成立“东江华侨回乡服务团”（简称“东团”），确定以“动员东江群众协助军队及人民武装抗战，并拯救伤兵难民及辅导民众组织各种救亡团体”为宗旨。12月下旬，在香港设立“东团”总团部办事处，办事处主任为刘锦汉，副主任为曾寿隆、孙石。办事处主要负责与南洋惠侨救乡会联系，动员和组织爱国青年回国参加抗战，并保证团员的物资供应。

1939年1月，东团在惠阳淡水正式宣布成立，团长为叶锋，副团长为刘宣。总部设在淡水，后迁往惠州。先后组建了7个团和两个队。主要在东江地区的惠阳、博罗、东莞、宝安等地活动。

1939年3月开始，爱国侨领黄伯才、张郁才出资，成立了以黄志强为队长、由11人组成的“东江华侨回乡服务团文森队”。马来西亚雪兰莪州侨领张郁才、陈永等发起成立以黄义芳为队长、由73人组成的“东江华侨回乡服务团吉隆坡队”，以及加影队、星柔队、双莪月队、北马华侨回国服务团等华侨子弟队伍，相继回国参加抗日救亡运动。他们回国后，大部分参加了曾生等领导的抗日游击队，小部分以“东团”名义，在东江各地开展抗日救亡工作。越南、泰国等地的爱国华侨青年亦纷纷回东江参加抗日斗争，其中一部分参加了东团。以凌勇为队长、由23人组成的安南（越南）华侨青年国防话剧活动宣传队，回东江后参加了曾生游击队，被正式命名为新编大队政工队，负责惠宝地区抗日军民的宣传工作。美国纽约惠州工商联合会会员邱谭君等爱国青年，亦不远万里回到东江参加抗日斗争。

华侨和港澳同胞组织的回乡服务团深入东江各地宣传、发动和组织群众，为后来惠宝工委在这里组建人民抗日武装，开展敌后抗日游击战争准备了兵源、培养了骨干。广大团员在救济灾民的同时，广泛发动群众，组织抗日团体，把广大青年男女团结和组织起来，进行抗日救亡工作，同时组建抗日武装。到1940年初，仅东团各团队组织起来的群众就达 1 万人以上，为东江纵队的建立和东江敌后抗日游击战争的深入开展打下了良好的群众基础。他们通过举办武装干部训练班，培养抗日武装骨干；通过组织打猎队、联防队、自卫队等形式，将农村的青年组织起来，进而组织抗日自卫队、抗日随军杀敌队等不脱产或半脱产的农民抗日武装。

随着南洋各地抗日救亡运动的深入开展，华侨和港澳同胞的爱国热情更加高涨，爱国青年纷纷回国参加抗日斗争。南洋等地掀起了父母送儿女、妻子送丈夫以及夫妻一起回国参加抗日救国斗争的热潮。其中不少人回东江参加曾生、王作尧部队，为东江人民抗日武装的建立和发展提供了大批干部和兵员。吉隆坡侨领方寿带着儿子方隆、侄儿方志良到南洋惠侨救乡会，要求介绍其子、侄回国参加抗战，并勉励他们要抱定牺牲的决心，勇往直前。马来西亚华侨陈志奋耐心说服了相依为命的父亲，毅然回国抗日。贺玉兰夫妇在新婚燕尔之际，双双回国参加抗日斗争。不少华侨爱国青年纷纷放弃领取重返南洋的入境证，表达了抗日救国、宁死不归的决心。

据不完全统计，仅从 1937 年 8 月至 1939 年 10 月，港澳同胞送自己的子女回东江敌后参加抗日斗争的就有 200 多人。从香港沦陷到抗日战争结束，港澳地区的共产党员和爱国青年参加港九大队及回东江敌后参加东江纵队的人数有1200人左右。从1939年3月开始，南洋各地的爱国青年返回家乡参加抗日救国斗争，总人数有150人左右。先后参加东江纵队的华侨和港澳同胞的人数共有1500人以上。此外，还有一批泰国、印度尼西亚、牙买加等地的归国华侨及其子女也参加了东江游击队。在长期的抗日民族解放斗争中，回东江敌后参加抗日斗争的华侨和港澳爱国青年们的热血洒遍了南粤大地，染红了祖国河山。

除组织服务团和归国参战外，广大华侨和港澳同胞还捐款捐物支持东江人民抗日游击队。游击队在建立初期，是以民众抗日武装的形式出现的，没有固定的经费和粮饷，经济非常困难。部队一方面依靠当地群众接济，另一方面主要是依靠广大华侨和港澳同胞的援助。香港的抗日救亡团体和学校的爱国师生，通过募捐、巡回义演、卖花劝捐等方式进行筹款，支援东江人民抗日游击队。1938年12月，曾生率部收复淡水、建立抗日民主政权的消息传到了香港和海外，港澳同胞和海外华侨无不欢欣鼓舞，踊跃募捐。

为了进一步支援祖国抗日，1939年2月25日，南洋惠侨救乡会在吉隆坡举行第二次代表大会，决定发动第二期募捐，并将募捐所得款项的40%献给新四军，40%献给曾生部队，20%作为难民的救济费。会后，南洋各地的惠属侨胞热烈响应号召，掀起了抗日救国的捐献热潮。不少人一次捐献几百元甚至上万元。一般的工人、店员、职员亦节衣缩食，捐出每月工资收入的5%至10%，有的妇女把自己的私房钱、首饰甚至订婚戒指都捐献了出来。1939年初，海外华侨通过宋庆龄转交曾生部队的捐款，一次就达港币20万元，之后又多次捐款捐物。只有300人的纽约惠州籍华侨，仅在1939年下半年汇回支持曾生部队和东团的款项，就达国币5000余元，此外还有港币6800余元。东江华侨回乡服务团文森队回国时，带回了一批药品和其他物资。1940年以前，曾生部队的被服、军鞋、药品主要靠华侨和港澳同胞捐献。

与此同时，华侨和港澳同胞还在政治上支持东江人民抗日游击队。1940年初，在第一次反共高潮中，国民党广东当局纠集重兵"围剿"曾、王两部，妄图一举消灭中国共产党领导的东江人民抗日游击队。广大华侨和港澳同胞得知这一消息后，对国民党广东当局进行的亲者痛、仇者快的卑劣行径，提出严重抗议，并发表声明或致电国民党中央，要求制止广东当局的反共逆流，严惩祸首。1940年4月22日，香港惠阳青年会等10多个社团联合致电重庆国民党中央和广东省当局，要求制止在东江的反共逆流。美国纽约惠州工商联合会在电文中指出：东江人民抗日游击队“屡抗强寇，抚辑流亡，侦探敌情，严肃军纪，扫荡匪风，助民生产，缉获私货值廿余万元，涓滴归公，资我制敌，计前后克复惠宝一带要地重镇，大小村落，日寇宵遁，国旗重张。凡此均叠载报章，中西共仰，大队长曾生之英名，口碑载道。第四战区张司令、第三游击纵队骆司令和香翰屏主任诸长官嘉奖赞扬，认该队‘最能执行命令，最能打击敌人，最能得到准确情报，最能在军纪上起模范作用’”。驳斥了国民党广东当局对曾、王部队的污蔑，要求国民党中央“即刻制止对该游击队之围攻追杀”，“明令东江军政长官，以后保障东江华侨回乡服务团之安全与第四战区第三游击纵队新编游击大队曾生部之组织”。华侨和港澳同胞在政治上的支持，有力配合了曾生、王作尧部反击反共逆流的斗争，扩大了东江人民抗日游击队在国内外的影响。

第三章　决策上下坪　大岭阳台兴

抗日战争进入相持阶段后，日本对国民党政府从以军事进攻为主、政治诱降为辅转变为以政治诱降为主、军事打击为辅。受此影响，国民党制定了“防共”“限共”“溶共”“反共”的方针，并秘密制定了《防制异党活动办法》等一系列反共文件，掀起了第一次反共高潮。

很快，第一次反共高潮席卷东江。国民党广东当局调兵遣将，企图消灭曾、王两部，瓦解东江人民抗日游击队。为应付可能到来的复杂局面，东江军委专门于1939年2月下旬，在坪山召开会议商讨对策，决定继续高举抗日旗帜，坚持抗日武装斗争。面对国民党顽固派的疯狂进攻，部队决定向海陆丰转移。

曾、王两部在东移海陆丰途中多次遭到国民党顽固派军队的围追堵截，军事上完全处于被动，损失很大，部队人数很快从800人减至100余人，并且弹药缺乏，给养不继，处境十分艰难。

在这千钧一发之际，廖承志从香港转来了中共中央书记处5月8日的指示，指出：曾、王两部仍应回到东宝惠地区，在日本与国民党矛盾间，在政治与人民优良条件下，大胆坚持抗战与打摩擦仗。曾、王两部决不可在我后方停留。不向日军进攻，而向我后方行动的政策，在政治上是绝对错误的，军事上也必归失败。指示中还具体指明了回防前应注意的事项。中共中央的“五八”指示为曾、王两部指明了斗争方向。

曾、王两部坚决执行“五八”指示，决定立即由梁鸿钧、王作尧、周伯明和邬强率领部队返回惠东宝敌后抗日前线；曾生去香港向东南特委汇报工作，请示行动方案，并购买一批急用军事物资。在沿途各地党组织的配合和广大人民群众的支持下，8月中旬，部队按照提前勘定的路线，避开了顽军和地方反动武装，顺利到达坪山东南面的小三洲。不久，被任命为前东特委书记并兼任曾、王两部政治委员的尹林平和曾生也来到此地与部队会合。9月上旬，部队穿过广九铁路，来到了宝安县布吉乡（今属深圳市龙岗区）的上下坪一带隐蔽修整，准备迎接新的战斗。

打退国民党第一次反共高潮后，中共中央一再强调，全党全军必须提高警惕，放手发动群众，大力扩大人民抗

尹林平

日武装，广泛建立抗日根据地和游击区。毛泽东还提出了“人不犯我，我不犯人；人若犯我，我必犯人”的自卫原则和“有理、有利、有节”的斗争策略，保证了在同国民党顽固派斗争中的胜利前途。

为全面贯彻中共中央“五八”指示，确定东江人民抗日游击队今后开展敌后抗日游击战争的基本方针和任务，1940 年 9 月中旬，中共前东特委在宝安县布吉乡的上下坪村召开了部队干部会议。参加会议的有尹林平、梁鸿钧、曾生、王作尧、周伯明、邬强等。会议由尹林平主持。会议传达、认真学习并讨论了“五八”指示精神，一致认为中共中央的指示非常正确，及时挽救了部队，给东江党组织和人民抗日游击队指明了斗争方向，使部队在极端复杂的斗争环境中保持头脑清醒，掌握了斗争主动权。

会上，与会代表对东江地区敌后抗日武装斗争和发展形势进行了分析，对今后开展敌后抗日游击战争、坚持抗日民族统一战线以及部队建设等重大问题，进行了认真的讨论。会议决定在惠东宝敌后坚持开展独立自主的游击战争，基本方针和基本任务是放手发动群众、组织群众、武装群众，迅速扩大人民抗日武装；坚持抗日民族统一战线，坚持党对抗日战争的领导权和独立性。对国民党顽固派实行又联合又斗争、以斗争求团结的政策，敢于反击国民党顽固派的军事进攻；根据党的独立自主的原则，会议决定抛弃原“新编大队”和“第二大队”的番号，改称广东人民抗日游击队，不受国民党的任何限制和约束，放手扩大部队，独立自主地开展敌后抗日游击战争，建立抗日根据地，成立抗日民主政权。

会议决定将部队整编为两个大队，即广东人民抗日游击队第三大队和第五大队。尹林平兼任两个大队的政治委员，梁鸿钧负责军事指挥。第三大队：大队长曾生，副大队长邬强，政训员卢伟良；第五大队：大队长王作尧，副大队长周伯明，政训员蔡国梁。第三大队挺进东莞大岭山地区，第五大队留在宝安阳台山地区和广九铁路两侧活动。领导中心设在东莞。

上下坪会议使广东人民抗日游击队的领导干部统一了思想，增强了团结，提高了坚持持久战的决心和夺取抗战胜利的信心。会议确定了在东江敌后独立自主地开展抗日游击战争，建立以大岭山和阳台山为中心的敌后抗日根据地的战略决策，为广东人民抗日游击队今后的顺利发展奠定了基础。上下坪会议是东江纵队历史上的一个重要转折点。

上下坪会议后，第三大队于10月初挺进东莞县大岭山地区，开创大岭山抗日根据地，恢复东莞敌后抗日游击战争。

大岭山区位于东莞县（今东莞市）的西南部，面积900多平方公里，有8个乡，人口20余万。大岭山区地势险要，具有有利的作战地形。它的北面是莞城，莞（城）太（平）公路沿山区西缘穿过直到太平、虎门；东面是广九铁路，莞（城）樟（木头）公路在山区的东北边缘；南面与宝安县的阳台山遥遥相望；西南面是宝（安）太（平）公路。大岭山抗日根据地的建立，直接威胁着日军在东莞县境的公路、铁路交通线和占领区。

第三大队在大岭山区建立抗日根据地的行动得到了当地党组织和广大群众的热烈支持和配合。大岭山区人民群众具有反帝反封建的光荣革命传统。早在大革命时期，在党的领导下，大岭山区就掀起过轰轰烈烈的农民运动，支援东征讨伐陈炯明的战争和省港大罢工。土地革命时期，在极其困难的条件下，大岭山区的党组织和人民群众曾经组织了一支民众武装准备配合广州起义。抗日战争爆发后，当地青年响应中共东莞中心县委的号召，踊跃参加抗日武装。1938年冬，王作尧等率领的东莞抗日模范壮丁队曾在这里活动，打下了群众基础。当第三大队抵达大岭山时，中共大岭山区委与广大群众热情欢迎自己的子弟兵，他们腾出房子、拿出粮食支援部队，使部队很快安定下来。

当时，第三大队只有 70 多人，武器装备又差，仅有重机枪一挺、轻机枪两挺和几十支步枪，子弹也不多，但面对的敌人却是异常强大。日军长濑大队和伪军共 3000 余人，分别盘踞在大岭山周围的莞城、石龙、厚街等城镇，控制着莞太、宝太两条交通线。在不远的水乡地区还有刘发如、李潮两股伪军，共 2000 多人。此外，国民党保安第八团和国民党东江游击指挥所的徐东来支队分驻横沥、樟木头、塘厦等地，控制着广九铁路的中段，并深入大岭山区的金桔岭、大朗等地，日伪顽军形成了对大岭山区的包围态势。

面对强大的敌人，第三大队遵照中共中央指示和上下坪会议确定的方针，坚决放手发动群众、武装群众，努力扩大部队，建立一支包括主力部队和地方武装的人民抗日武装，创建大岭山抗日根据地，迅速打开东莞大岭山区抗日游击战争的局面。大岭山区委和香港市委分别动员了五六十名农民青年和港澳青年参加部队，一些东移时留在各地分散隐蔽的干部、战士也陆续归队，不到半个月的时间，第三大队就发展到近200人，组建了两个中队和一个短枪队。这样，第三大队就建立起了一支能够完成连级战术任务的作战队伍。在作战方面，第三大队坚决实行游击战，运用机动灵活的战术，打得赢就打，打不赢就走，打小仗、巧仗，多打袭击战、伏击战，以消灭敌人有生力量为主要目标，避免和敌人打阵地战、消耗战，以保存和发展游击队的力量。

为适应抗日游击战争和部队发展的需要，广东人民抗日游击队领导机关挺进大岭山区后，十分重视加强部队建设和军事人才培养工作。10月底，专门在大王岭举办了军事训练班，第三大队和第五大队分批选送班、排干部参加训练班，提高了部队基层干部的政治素质和军事素养。

第三大队挺进大岭山区后，还非常重视建立和发展抗日自卫队。第三大队专门派干部整顿了大岭山原有的抗日自卫队，并在大岭山区委的积极配合下，深入发动当地青年参加自卫队。经过努力，大岭山8个乡都成立了脱产的抗日自卫队，一共500多人。这些自卫队的武器装备比较好，组织较严密，战斗力也较强，在配合第三大队的战斗中，发挥了重要作用。

东莞地区人民群众的抗战热情很高，不少爱国青年想方设法从四面八方来到大岭山参加抗日游击队。1941年5月,第三大队又建立了第三中队。短短半年多时间,第三大队从70多人发展到300多人,加上脱产的抗日自卫队500多人,大岭山区已经有了一支八九百人的人民抗日武装力量,成为大岭山抗日根据地的坚强支柱。

第三大队挺进大岭山后,不断攻击日伪军据点,伏击日军运输队。驻东莞的日军为了巩固其占领区,很快调集军队对大岭山区进行扫荡,妄图一举消灭立足未稳的第三大队。11月初,驻莞太公路和厚街、桥头的日军一个加强中队和一个炮兵分队,共200余人,突袭第三大队。拂晓,日军先头部队的10余人闯入了大迳村。第三大队发现日军入侵时,还以为是常来抢劫牲畜、粮食的少数日军。为了保护人民群众的财产安全,梁鸿钧命令短枪队长翟信率队向大迳村出击。短枪队利用拂晓时分的薄雾作掩护,迅速穿过稻田开阔地,冲进大迳村东头,与日军展开激烈战斗。不久,日军大部队赶到。副大队长邬强立即命令第一中队队长彭沃带领队伍抢占大迳村南面的高地,以猛烈火力射击大迳村东侧之日军,掩护短枪队撤退。紧接着,邬强又命令第二中队队长陈其禄率部截击向汪潭村进攻之日军。面对优势敌人,第三大队指战员不畏强敌,英勇作战。经过4个小时的激战,在杀伤日军 30 多人后，第三大队控制了汪潭村和大迳村的高地，掩护群众安全转移。尹林平、梁鸿钧、曾生等考虑到敌强我弱，已经给予日军以很大伤亡，不宜恋战，便下令部队交替掩护撤退。日军在汪潭村烧屋抢劫后，抬着伤亡人员狼狈逃回厚街。战斗中，小队长陈定安和 5 位战士壮烈牺牲，翟信、陈其禄、鲁锋等中队干部受伤。

黄潭战斗是广东人民抗日游击队重返惠东宝敌后的第一仗。第三大队以劣势装备英勇抗击了优势敌人的进攻，予敌以一定杀伤，打击了日军的嚣张气焰，鼓舞了人民群众的抗日斗志。此战之后，广大群众抗日情绪更为高涨，积极从各方面支援部队，青壮年也纷纷参军参战。这就为继续开展东莞敌后抗日游击战争，建立和巩固大岭山抗日根据地，创造了有利条件。

为进一步巩固游击区，黄潭战斗后，第三大队不失时机地向莞太公路、宝太公路出击，接连袭击了厚街、桥头、赤岭、篁村的日伪军据点，惩办了一批汉奸。同时，不断伏击日军来往军车，不仅破坏了日军的交通运输和通信设备，而且缴获了一批武器装备和物资，解决了部分武器装备和经济补给问题。连续对日作战的胜利，也提高了广东人民抗日游击队的威望。

第三大队在大岭山的活动引起日军的巨大恐慌。从

1941 年 5 月起，日伪军向第三大队和大岭山抗日根据地发动了多次进攻。第三大队和抗日自卫队在人民群众的支持下，进行了艰苦的保卫大岭山抗日根据地的斗争。

5 月 24 日，道滘伪军头目刘发如纠集 200 余名伪军，在当地反动地主的配合下，偷袭大岭山区的杨西乡。第三大队侦知后，当即决定进行反击。在第三大队和各乡抗日自卫队的反击下，伪军顿时乱了阵脚，不敢恋战，丢下十多具尸体和伤兵，抱头逃窜。第三大队和抗日自卫队紧追不舍，一直追到东莞县城附近，才收兵回防。过了 4 天，不甘失败的刘发如又出动 200 多人，再次进犯杨西乡。对此，第三大队早有防范，在连平一线与伪军展开战斗，伪军很快不支，第三大队乘胜追击。这次战斗共毙伤伪军 20 多人，缴枪 20 多支，再次给刘发如部以沉重打击。6 月 6 日，刘发如发动第三次进攻，其目标仍然是杨西乡。第三大队早有防备，伪军一触即溃，狼狈逃回道滘，再也不敢来犯。

6 月 10 日，驻莞太线的日军长濑大队 400 余人，加上部分伪军倾巢而出，采取突然袭击的战术，分两路袭击大岭山区中心百花洞，妄图消灭大岭山区的抗日军民，摧毁大岭山抗日根据地。

面对来势汹汹的日军，第三大队全体指战员临危不惧，曾生命令各部火速向百花洞集中，占领附近高地，集中火力突袭行进的日军。战斗刚一开始，日军大队长长濑就被第一中队的机枪击中，跌落马下，滚了两下就不动弹了。日军一时失去指挥官，队形大乱。第一中队第二小队在小队长杨仰仁率领下，勇猛地冲过日军封锁的开阔地，与日军展开白刃战。由于战斗激烈，第二小队的机枪撞针打弯了，火力骤减，敌人乘机向冲锋的战士射击，班长张兴中弹牺牲，指导员韩藻光及两名战士负伤。双方形成对峙局面。危急关头，邬强率领的第三中队及时赶到，占领了南面的高地，以火力支援第一中队作战。第二中队也迅速占领了北面山地的制高点，以火力打击日军，堵截日军的退路。百花洞附近的大公岭、髻岭、连平、大沙等地的抗日自卫队闻枪声也立即出动，配合第三大队的战斗。一时，日军被压制得动弹不得。周围的群众听说包围了日本鬼子，兴高采烈，扛着尖头扁担、木棒、锄头，登上各个山头助威。一时间，枪声、手榴弹爆炸声和喊杀声，响彻了田野山间。

日军发现陷入包围后，疯狂反扑，发动了一次又一次的冲锋，企图夺路而逃，但都被抗日军民顽强打退。激战至下午 3 时许，日军两次施放烟幕弹，借以掩护突围，但都遭到失败。日军发现退路已被切断，一时无法逃脱，只得就地挖掘战壕，固守待援。同时，放出军鸽向驻石龙的日军求援。但军鸽飞至大沙时，被大沙抗日自卫队打了下来。日军的求援报告和作战地图被缴获。尹林平、曾生看了日军的求援报告后，鼓励指战员再接再厉，抓紧时机争取歼灭敌人。

入夜，日军龟缩在百花洞荔枝园北面的几个小高地固守。第一中队组织小分队整夜轮流袭扰日军，搅得日军整个晚上胆战心惊。深夜，日军派出两名士兵妄图逃回莞城报信，结果被大迳抗日自卫队截住，一人被打死，缴获三八式步枪一支。第二天上午，日军再次组织突围，但在抗日军民的顽强阻击下，仍未得逞。下午，日军从广州、莞城、石龙出动兵力1000多人前来救援，被困的日军这才在炮火和烟幕弹的掩护下冲出重围，狼狈逃走。

百花洞战斗持续两天一夜，共毙伤日军五六十人和战马数匹，其中大队长长濑被击毙，缴获长、短枪十余支及一批弹药、辎重。战后，日军哀叹："这是进军华南以来最丢脸的一仗。"百花洞战斗的胜利，显示了人民战争的强大威力，是广东人民抗日游击队重返惠东宝敌后对日作战的一次重大胜利，打击了日军的嚣张气焰，进一步扩大了中国共产党和广东人民抗日游击队的政治影响。

第三大队在奋力抗击日伪军进犯、建设抗日根据地的同时，还打退了国民党顽军对大岭山区的进犯。1941年1月，驻大朗的顽军陈禄大队的一个中队窜入大岭山进行骚扰和抢掠。第三大队在邬强的指挥下，采取诱敌深入战术，打得顽军慌作一团，消灭了其一部分，剩余的狼狈逃回大朗。3月初，驻樟木头的顽军保安第八团一个营突然潜入大岭山区，企图以优势兵力消灭连平乡抗日自卫队。结果，各乡抗日自卫队自动集合迅速赶到战场给顽军以迎头痛击。第三大队第二中队也立即出动，军民紧密配合击退了顽军的进攻。6月1日，驻观澜的顽军黄文光大队，暗中与伪军刘发如勾结，商定一起出兵夹击大岭山。这天拂晓，黄文光大队200多人，配备八九挺机枪，向大岭山区大塘村扑来，妄图一举消灭第三大队的主力和领导机关。第三大队与第五大队第一中队和重机队以及各乡抗日自卫队迅速占领了有利地形，对顽军形成包围合击之势。战斗打响后，黄文光才发现已陷入了重重包围，于是慌忙下令撤出战斗，逃回观澜。经过这些战斗，广大人民群众更加看清了国民党顽固派消极抗日、积极打击人民抗日武装的真面目。

为加强根据地建设，以尹林平为首的军政委员会改组和加强了大岭山区委，并成立了民运部，叶锋任部长。在民运部的领导下，民运工作队深入大岭山区的各个乡村，向广大人民群众宣传共产党和广东人民抗日游击队的抗日政策和主张，发动群众参加抗日斗争，广泛建立起各种群众抗日组织，卓有成效地进行大岭山抗日根据地的建设。经过几个月的艰苦工作，在各个乡村发展了一批地方党员，建立起坚强的大岭山各级党组织，先后在大岭山 8 个乡建立起乡级抗日民主政权——乡办事处和全区性的政权机构——联乡办事处。在抗日民主政权领导下，实行减租减息，组织生产，让广大农民减轻了负担，改善了生活，从而调动了农民的抗日积极性。同时，保障了部队的给养，对巩固大岭山抗日根据地起了重要作用。

在军政委员会统一领导下，经过半年多的艰苦战斗和深入细致的群众工作，东莞大岭山抗日根据地在日伪军和顽军的夹缝中建立起来。有了大岭山抗日根据地作为依托，第三大队在东莞敌后的抗日游击战争更加广泛地开展起来，部队不断发展壮大。

与此同时，第五大队根据上下坪会议确定的方针，留在宝安敌后，恢复敌后抗日游击战争，开创了以阳台山为中心的抗日根据地。

阳台山区位于宝安县西部，面积约700平方公里，人口约10万人，共有6个乡，由阳台山、鸡公头山、塘朗山和其他一些小山组成。它东靠广九铁路塘(厦)深(圳)段，西临宝太(南头至太平)公路至珠江口，南接宝深(南头至深圳)公路，北连大岭山区。阳台山抗日根据地的建立，直接威胁着日军在宝安县境内的公路交通线和占领区。

当时，第五大队名义上是一个大队，实际上只有由30多人组成的一个短枪队和一个长枪队，但其面对的敌人却非常强大。当时，驻宝太公路沿线松岗、沙井、福永、西乡、南头以及深圳、沙头角、布吉等地的日伪军共3000余人，还有国民党顽军1000多人驻广九铁路中段的塘厦、平湖一带，且深入阳台山区的观澜设立据点，形成了对阳台山区三面夹击之势。因此，第五大队在阳台山区开展敌后抗日游击战争，建立抗日根据地的任务是极为艰难的。

第五大队进入阳台山区后，首先开展了锄奸肃特的斗争，坚决处决了一批罪大恶极的汉奸、特务，为民除了害，得到了广大人民群众的拥护。1941年1月，驻布吉的一个日军小分队10多人闯入上下坪村抢掠。周伯明带领短枪队出击，打伤并俘虏1名日本兵，缴获步枪1支和一些弹药。第二天午后，日军 100 多人再次进犯上下坪村。短枪队利用地形作掩护与日军展开麻雀战，与日军多方周旋，不时向日军射击。搞得日军疲于奔命，晕头转向，闹腾了半天，既找不到作战的目标，也抢不到东西，恼羞成怒地烧了几间民房后，撤回布吉。第五大队在上下坪村打击日本鬼子的消息传开后，宝安人民群情振奋，奔走相告，都知道东江人民抗日游击队回来了。

小贴士

麻雀战：指用小群分散兵力阻击敌军的作战方法。在中国共产党领导的游击战争中，游击队和民兵依靠人民群众，利用地形熟悉等有利条件，三五成群，忽聚忽散，神出鬼没，灵活机动，对敌人实施突然准确的打击，以杀伤、迷惑、消耗敌人。麻雀战是游击队和民兵常用的作战方法。这种作战方法有效配合着正规军作战，对取得革命战争的胜利，起到了积极作用。

在肃清汉奸、特务和打击来犯日军后，第五大队为了打开局面，挑选了一批有独立工作能力、作风深入的干部组成了民运工作队，由原东团副团长刘宣任队长。民运队在宝安县工委的统一领导下，深入各个乡村，宣传党的政策，发动群众参加抗日活动，为建立根据地创造条件，全面展开创建阳台山抗日根据地的工作。

第五大队大力恢复和发展各个乡村的地方党组织，培养和发展了一批农民先进分子入党，随后，在布吉、白石龙、平湖等地建立了党支部。不久，又成立了龙华区委。阳台山区党组织的恢复和发展，保证了阳台山抗日根据地建设工作的顺利进行。同时，广泛深入发动青年农民参军，很快就动员了近百人充实部队。与此同时，组织青年建立抗日自卫队，并号召各阶层人士有钱出钱、有枪出枪，很快在全区组建了有600多人的8个抗日自卫中队，还成立了抗日自卫总队，曾鸿文任总队长。在此期间，民运队还在发动群众成立各种群众抗日团体的基础上，协助地方党组织普遍建立乡、村两级抗日民主政权。

第五大队在抗击日军进犯的同时，还利用阳台山区群山重叠、沟壑纵横的有利地形，采取灵活机动的战术，打击进犯的顽军。先是击退了顽军1000多人的进犯，随后又奇袭顽军在清溪苦草洞的武器库，只经过十几分钟的战斗，就全歼守军，缴获轻、重机枪6挺，步枪数十支，以及几十箱子弹。这次战斗的胜利，不仅打击了顽军的反共气焰，而且缴获了一批武器装备，使第五大队如虎添翼，为巩固和发展阳台山抗日根据地打下了基础。

第五大队在艰苦奋战中不断发展壮大。苦草洞战斗后，以石龙队为基础，吸收了一批爱国青年，组建了两个中队：第一中队和重机枪中队。1941 年 5 月，在惠宝地区又组建了第二中队。第五大队由 30 多人发展到 300 多人。此外，还有 8 个脱产和不脱产的抗日自卫中队，人数达 600 多人。部队活动的范围也从宝安的布吉、龙华、乌石岩扩大到惠阳的坪山、淡水、横岗一带。这样，阳台山区的人民抗日武装发展到了近千人，它和大岭山区的人民抗日武装像两把尖刀插在东宝地区日本侵略军的胸膛上。第五大队还根据尹林平的指示，重建了以坪山为中心的抗日游击基地，使之与宝安阳台山和东莞大岭山抗日根据地相呼应。

经过半年努力，第五大队在建党、建政和扩大武装力量等方面都取得了很大进展，根据地建设初具规模，主力部队发展壮大了，地方抗日自卫队和群众组织成立了，地方各级党组织和抗日民主政权也建立起来，到处呈现着团结抗日、欣欣向荣的新气象。

1941 年 6 月至 8 月，驻宝安南头、深圳、布吉、横岗的日军先后动用了 2000 多名兵力，连续不断地对阳台山抗日根据地进行“扫荡”，妄图消灭第五大队，摧毁阳台山根据地。日军在所到之处施行了残暴的“烧光、抢光、杀光”的“三光”政策，群众的房屋被烧毁，财物、牲畜被劫一空，许多群众被杀害。第五大队和抗日自卫队采取机动灵活的战术，通过伏击战、阻击战、袭击战等共毙伤日军 100 余人，其中中佐军官 1 人，粉碎了日军的 8 次连续“扫荡”，给宝安和东江地区的抗日军民以巨大的鼓舞。阳台山抗日根据地在战火中巍然屹立。

东莞大岭山抗日根据地和宝安阳台山抗日根据地初步建立之后，中共前东特委决定从第三大队和第五大队抽调卢伟良等 20 多名干部、战士组成小分队，挺进增城县(今广州市增城区)的油麻山敌后，开展游击战争，逐步开辟抗日游击基地。卢伟良率领的小分队很快发展到 50 多人。4 月初，广东人民抗日游击队增(城)从(化)番(禺)独立大队成立，卢伟良任大队长兼政委，建立了以油麻山为中心的增从番抗日游击基地。

上下坪会议后一年，广东人民抗日游击队在党的正确领导、各级党组织以及广大人民群众的大力支援下，坚决贯彻执行“五八”指示精神和上下坪会议确定的方针，坚持在惠东宝敌后开展独立自主的抗日游击战争，粉碎了日伪军和顽军一次又一次的进攻和“扫荡”，在斗争中逐步发展壮大，部队从 100 余人发展到 1000 余人。此外，还组织了 1000 余人的抗日自卫队，建立了东莞大岭山抗日根据地和宝安阳台山抗日根据地以及增城油麻山抗日游击基地，恢复了以坪山为中心的惠宝边抗日游击基地，缩小了日占区。广东人民抗日游击队抗击着东江地区的大部分日军和伪军，成为东江地区抗击日军的主要力量。

广东人民抗日游击队重返惠东宝之后，积极开展抗日游击战争，取得多次反“扫荡”的胜利，根据地在艰苦卓绝的战斗中不断巩固和扩大，引起了国民党顽固派的仇视。在第二次反共高潮的影响下，他们调集兵力大举向各抗日根据地发动进攻，抗日根据地军民又被迫开始了反顽作战。

1941 年 7—8 月间，国民党广东当局密令驻惠东宝的顽军准备进攻广东人民抗日游击队。其阴谋被中共粤北省委获悉后，立即报告廖承志。廖将这一重要情报转告正在香港治病的尹林平，要求游击队提高警惕，准备应对时局的变化，同时注重斗争策略。第三大队得知这一情报后，立即在大岭山区的大王岭村召开干部会议，作出坚决反击顽军进攻的决策和部署。要求根据地抗日军民迅速做好粉碎顽固派军事进攻的准备工作，密切注意顽军的动向，加紧动员部队，加强锄奸保卫和筹粮筹款等备战工作。

8月下旬至9月初，顽军徐东来支队和黄文光大队200余人，两次进犯宝安阳台山抗日根据地，一度占领龙华圩。第五大队和抗日自卫队奋起反击，将其击退。为配合第五大队作战，邬强率领第三大队第一中队和第二中队主动出击驻大朗的顽军陈禄大队，全歼该敌。接着，第三大队又乘胜歼灭顽军一个中队，直逼顽军据点观澜，有力支援了第五大队的反顽作战。进犯阳台山的顽军在第三大队和第五大队的坚决反击下，只得撤退。

9月21日，顽军徐东来支队、黄文光大队又进犯大岭山抗日根据地，遭到第三大队迎头痛击，落荒而逃。在这次试探性的进攻之后，10月4日，顽军出动1500余名兵力，再次向大岭山发动大规模进攻。第三大队的三个中队和连平乡抗日自卫队在大王岭到大环一线的山上与顽军展开激战。由于敌人有备而来，加上敌我力量悬殊，战斗一直持续了三天。梁鸿钧、曾生、邬强等人认为，不能和顽军硬拼，并决定留少数部队在大岭山坚持内线作战，牵制顽军，主力则转出外线作战，与第五大队会合，集中兵力进攻顽军后方，进而粉碎顽军对大岭山的进攻。

10月中旬，转移到外线的第三大队与第五大队会合，一齐攻打驻广九铁路石鼓车站的顽军张林大队，歼灭了顽军一个中队，拔除了顽军在广九铁路线上的一个据点。但外线作战部队未能连续给顽军以有力打击，从而达到从外线出击顽军、使顽军撤出大岭山的目的。此后，大岭山抗日根据地部分地区落入顽军之手。

第三大队主力在石鼓战斗后，在一时难以找到战机的情况下，决定由曾生率领第一中队东赴惠阳坪山地区整训，在惠宝边开展抗日游击战争。梁鸿钧率领第三中队和短枪队留在宝安的黄田、固戍一带活动，配合第五大队行动，同时策应在大岭山区坚持斗争的部队。

顽军进入大岭山区后，不少党员和抗日积极分子被杀害。但大岭山抗日根据地军民并没有被顽军的残暴所吓倒，在广大群众的支持下，邬强等人率领第二中队仍控制着大岭山西部，坚持斗争。

11 月下旬，顽军大部从大岭山区撤走。邬强、叶锋率领第五大队的第一、第二中队和第三大队的第三中队开赴大岭山区，在第三大队第二中队的配合下，希望重新占领大岭山。经过连续战斗，给顽军以不少杀伤，打击了反动势力，振奋了大岭山区抗日军民的斗志。

在增从番地区，当地国民党顽固派进攻增从番独立大队和抗日自卫队，捕杀抗日积极分子，不少共产党员、游击队员及革命群众牺牲。日军也加大“扫荡”力度，进攻增从番独立大队和抗日自卫队的据点，杀害革命群众多人。1942 年 2 月 23 日，日军出动近千人包围独立大队的驻地黄旗山，遭到独立大队的顽强抵抗，被打死数十人。随后，独立大队撤出增城，分别编入第三大队和第五大队。

第四章　挺进港九新　秘密大营救

原属广东的香港主要由香港岛、九龙半岛、新界三部分，以及 262 个大小岛屿组成，战略地位十分重要。特别是抗日战争爆发后，不少国外援助的战略物资经香港运往国内，因此，日军一直想占领香港，断绝中国一切国际援助，从而占领全中国。日军占领广东后，港英政府也开始预备可能面临的日军进攻。当时，在香港的英国军队约有 1.5 万人，港英政府除调遣两营加拿大军队外，还在香港实行征兵，以增强抵抗力量。同时，沿边界布防，在高地建筑炮垒，号称“远东马奇诺防线”。时任香港英军参谋长的卜克查少将宣称，英军至少可以抵抗日军半年以上，媲美日俄战争中的旅顺之战。但是，在日军进攻香港之前，英军在香港的布防情况早已被日本特务侦知，日军对英军的一切情形了如指掌。

1941 年 12 月 8 日凌晨，日军偷袭美军在太平洋的基地珍珠港，发动了太平洋战争，正式向英、美宣战。早上 8 点 30 分，日本空军空袭香港启德机场，将英军在香港仅有的5架飞机炸毁，取得了制空权。随后，日军又轰炸英军据点和重要交通设施，如太古船坞等。一时间，香港陷入一片火海。同时，日本陆军分东、西两路越过深圳河入侵香港；部分日军乘船在大埔等地登陆，协同进攻。由于实力悬殊，英军无力抵抗而选择主动退却，日军一路长驱直入，英军被迫撤守沙田。

12月9日，双方在城门炮台发生激战，英军力战不支，被迫退守垃圾湾(位于今葵涌西部，因1970年代的填海工程而消失)防线。11日早上7时，双方在此地发生了激烈的肉搏战，英军指挥官阵亡。英军被迫撤离九龙，退守香港岛，九龙半岛完全被日军控制。

13日，日军发出要求英军投降的通牒，被拒绝。下午，双方继续激战，日机频频轰炸港岛重要据点，炮兵也不断向港岛进行炮击。17日，日军再度发出劝降书，遭到拒绝后，开始大举进攻香港岛。18日晚10点，日军在北角、太古、鲗鱼涌等地相继登陆。英军防不胜防，战斗了短短数日，防线即告土崩瓦解。虽然英国首相丘吉尔在21日称“绝不会投降”，但在12月25日圣诞节当天下午6点30分，香港总督杨慕琦向日军宣布无条件投降。这一天也因此被称为“黑色圣诞节”。自此，香港落入日军魔爪长达3年之久。

香港被日军占领后，一时间社会秩序混乱，孤岛上生活困难，交通阻断，香港居民陷入恐惧、寒冷、饥饿的深重灾难之中。

太平洋战争的爆发使二战格局发生了重大变化。在战争爆发的第一天，美、英对日宣战，国民党政府也随即向日本宣战。12 月 9 日，中共中央发表《中国共产党为太平洋战争的宣言》，指出："这一太平洋战争，是日本法西斯为了侵略美国、英国及其他各国而发动的非正义的掠夺的战争，而在美国、英国及其他各国起而抵抗的一方面，则是为了保卫独立自由与民主的正义的解放的战争。"同时提出："中国与英、美及其他抗日诸友邦缔结军事同盟，实行配合作战，同时建立太平洋一切抗日民族的统一战线，坚持抗日战争至完全的胜利。"同日，中共中央在《关于太平洋反日统一战线的指示》中指出："必须努力开展华南敌占区、海南岛、越南及日本在南洋一切占领区域的抗日游击战争，并应尽可能与各抗日友军及英美等抗日友邦的军事行动协同一致，及取得他们在各方面的赞助。游击队所实施的各种政策应该符合于反日统一战线的要求，应该注意防止并纠正各种'左'的倾向。"

广东人民抗日游击队遵照中共中央关于在一切敌占区开展抗日游击战争的战略方针，实行"敌进我进"的策略。当日军集结兵力准备进攻香港时，曾生、王作尧作出一旦日军攻占香港，则立即派出武工队挺进香港敌后，开展游击战争，开辟抗日游击基地的决定。

刘黑仔(画照)

日军越过深圳河进攻香港的翌日，第五大队立即派曾鸿文带着部分战士紧蹑日军步伐进入新界元朗一带活动。接着，周伯明率领一支短枪队进入大埔以北、广九铁路两侧，配合曾鸿文展开活动。在此基础上成立了由林冲任队长的武工队。11日，茜坑、马鞍岭抗日自卫队在刘培、江水率领下进入西贡半岛的赤径、企岭下、深涌一带活动。随后，江水带领10多人的小分队留在当地活动。曾生还从第三大队第一中队抽调了20人组成一支小分队，并从惠阳短枪队等抗日武装抽调刘锦进(刘黑仔)等10多人组成一支短枪队，也进入西贡半岛活动。

3支小分队共50多人组成了一支武工队，黄冠芳任队长，主要在西贡地区及启德机场附近活动，活动范围一直延伸到狮子山、慈云山、牛池湾一带。不久，蔡国梁被派入武工队，以加强领导。广东人民抗日游击队进入新界、九龙地区的武工队人数已近百人。游击队员们在这块长期被英国霸占、现在又落入日军手中的土地上，开辟了一个新的敌后战场。武工队在元朗、沙田等地区组织了两支抗日自卫队和一支农民常备队，他们积极打击汉奸、土匪势力，为民除害，树立了威信，深得港九地区人民群众的拥护，成为让日军闻风丧胆的港九地区的主要抗日力量。

港九大队历任队长（从左往右）：蔡国梁、鲁风、黄冠芳

为开展港九敌后抗日游击战争，广东人民抗日游击队决定成立港九大队，大队长为蔡国梁，政治委员为陈达明。港九大队根据港九地区的特点，分别组成了短枪队、长枪队和海上队。长枪队主要在沙头角地区活动，主要任务是消灭土匪，保卫领导机关。海上队主要活动于西贡半岛沿海，主要任务是消灭海匪，运送武器和护商、护渔、护侨。4 支短枪队主要在西贡区、沙头角区、坑口区和

元朗区等地活动。短枪队初期的主要任务是护送爱国民主人士和文化界人士，基本任务是开展港九敌后抗日游击战争，发展人民抗日武装，打击日伪军。

港九地区地域狭小，回旋余地不大，开展游击活动的地区多是日军戒备森严的区域，因此，港九敌后抗日游击战争的主要形式是隐蔽斗争，着重发挥短枪队高度灵活的特点，打小仗、打巧仗。短枪队时聚时散，来去无踪，声东击西，进行伏击战、捕捉战，有效地打击了敌人。

西贡区沙田短枪队是一支共20人的队伍，十分精干，队长黄冠芳果断沉着，副队长刘锦进勇敢机智，队员个个生龙活虎。短枪队在沙田地区和九龙市区频频出击，经历了数十次战斗。1942年秋冬，在狮子山下，短枪队与日军遭遇，队员们沉着应战，待接近日军时，突然开火，全歼日军一个班。在茶果岭小冷室，短枪队员手疾眼快，击毙前来侦察游击队活动的两名日军密探。他们在西贡北围拦截日军，击毙日军翻译林老虎。在牛池湾，他们化装接近日军哨所，全歼哨所内的16名日本兵。在九龙金棠酒家，他们化装成日军密探，击毙作恶多端的汉奸肖如九……沙田短枪队神出鬼没，到处袭击日军，惩办汉奸、特务，深入日军心脏，发动奇袭，屡获战果，使日伪军闻之丧胆。短枪队员，特别是刘锦进的许多传奇式的英雄业绩，在港九地区的广大群众中广为传诵。

经过指战员的英勇战斗和民运队员们艰苦细致的群众工作，港九大队的活动范围不断扩展，打开了港九敌后抗日游击战争的局面，建立起多个小块抗日游击基地、各种群众组织和多种形式的群众武装。港九大队在战斗中不断发展壮大，从初建时的100多人，迅速发展到近400人，成为港九地区敌后抗战的坚强力量。

何香凝

全面抗日战争爆发初期，何香凝、柳亚子、邹韬奋等一大批文化界知名人士和爱国民主人士通过办报刊、写文章、发表宣言等方式，拥护和宣传中国共产党的抗日主张，抨击国民党顽固派消极抗战、积极反共的反动政策，推动了国统区抗日救亡运动的开展。因此，他们被国民党顽固派视为眼中钉、肉中刺，受到种种迫害。1941年1月，皖南事变爆发后，国民党顽固派对他们的迫害进一步加剧，令他们难以在国统区立足。在中共中央和周恩来等人的亲切关怀和安排下，1月至5月，文化界知名人士和爱国民主人士陆续转移到香港，继续开展抗日救亡活动。他们的活动得到了廖承志的大力支持。在中共香港文化工作委员会的领导下，汇集在香港的文化界知名人士和爱国民主人士，很快以各种形式积极开展抗日救亡运动，谴责国民党顽固派消极抗日的行为，呼吁团结、抗战、民主，讴歌中华民族的抗战精神，使香港的抗战文化盛极一时。

小贴士

皖南事变：抗战时期国民党顽固派蓄意制造的一起针对新四军的严重事件。1941 年 1 月 4 日，新四军军部及所属皖南部队 9000 余人，遵照国民党军事当局的命令并经中共中央同意，移师北上。行至安徽泾县茂林地区时，突遭预先埋伏的国民党军包围袭击。在双方兵力悬殊的情况下，新四军英勇拼杀，血战七昼夜，终因寡不敌众、弹尽粮绝，除 2000 余人突围外，大部被俘、失散或牺牲。军长叶挺被无理扣押，副军长项英突围后遇害。皖南事变后，蒋介石诬称新四军“叛变”，宣布取消它的番号，并声称要将叶挺交与军法审判。这就是震惊中外的皖南事变，是国民党第二次反共高潮的顶点。

文化界知名人士和爱国民主人士的爱国抗日主张和进步言论引起了日军的极端仇视，同时也为国民党顽固派所忌恨。中共中央和南方局在获悉日军即将进攻香港的情报之后，非常关心他们的安全。12 月 8 日，中共中央急电周恩来，要想方设法保护这批文化界知名人士和爱国民主人士撤离香港。12 月 9 日，周恩来又急电廖承志，对有关撤离香港的路线作了明确的指示：除去广州湾、东江外，马来西亚亦可去一些；如去琼崖与东江游击区则更好，到游击区的人员，即转入内地，可先到桂林。

日军占领香港后，立即封锁了香港岛至九龙的交通，实行宵禁，分区分段，挨家挨户检查，搜捕文化界知名人士和爱国民主人士，并勒令在港文化界知名人士前往“大日本报导部”或“地方行政部”报到，否则“格杀勿论”。日本文化特务和久田幸助还在香港的一些电影院打出幻灯，点名要梅兰芳、蔡楚生、司徒慧敏等到香港半岛酒店的日军司令部“会面”。

情况万分危急。廖承志、张文彬接到指示后，立即开会研究营救工作，并作了周密安排，确定了撤退方案以及各方面的分工。其中，广东人民抗日游击队负责护送他们从香港转移到东江抗日根据地，去往惠州，再从惠州护送至龙川的老隆。

经过精心安排，广东人民抗日游击队首先打通了香港岛至九龙的交通线，突破了日军的第一道严密封锁线。同时，刘少文、梁广等人负责逐一寻找居住在港岛的营救对象，将他们转移到较安全的地方，摆脱日本特务的跟踪。

在九龙，在尹林平领导下，沿途建立了多个秘密接待站，解决文化界知名人士和爱国民主人士的食宿问题，然后按照营救人员的具体状况，安排他们前往东江抗日根据地或其他地区。前往东江抗日根据地的，由挺进港九地区的武工队负责护送。东线由蔡国梁指挥，黄冠芳、江水领导的武工队负责护送；西线由曾鸿文指挥，林冲领导的武工队负责护送。同时，在阳台山的白石龙村，尹林平、梁鸿钧、曾生、王作尧、杨康华开会部署安保和接待工作。决定由梁鸿钧调集 3 个中队和 1 个独立小队在白石龙周围的龙华一带待命并担任外围警戒；曾生在白石龙主持接待工作；王作尧负责指挥从九龙市区至东江抗日根据地的警戒和护送工作；尹林平到坪山地区，负责布置抵达惠州沿线的秘密接待和护送工作，在田心村、茶园村、东湖旅店等地设立了秘密接待站。

1942 年元旦，廖承志、连贯等人先沿途检查和布置了接待、转送工作，以确保营救工作万无一失，并与曾生、张文彬进一步研究了沿途接待和护送中可能出现的问题，制订了相关预案。

1月9日，紧张的秘密大营救正式拉开了序幕。午夜，3艘小艇载着邹韬奋、茅盾等第一批文化界知名人士顺利突破日军封锁，撤离香港岛，来到九龙的秘密接待站，沿着广东人民抗日游击队之前建立的从东江抗日根据地经南头、深圳之间通往九龙的交通线，踏上了脱险的旅途。

11日晨，化装成难民的邹韬奋、茅盾一行20多人，由交通员带领来到青山道口，插入源源不断的难民队伍，向北经九华径到达荃湾。到荃湾后，为了避开日军的检查岗哨，邹韬奋、茅盾等人离开难民队伍，向北由小路进入大帽山区，林冲带领的武工队负责护送。爬过大帽山，穿过峡谷，就走进了平坦的元朗十八乡，曾鸿文带领的武工队在这里负责警戒、掩护和接待，邹韬奋、茅盾等人在此休息了一晚。12日，每人都拿到了一张难民回乡证，一行人分批上路，经元朗再次插入难民队伍，经落马洲顺利通过日军岗哨，渡过深圳河到达赤尾村，再从赤尾村往北穿过宝深公路，再过梅林坳，安全抵达宝安阳台山抗日根据地的白石龙村。

1月底至2月底是营救工作最紧张的日子，每隔一两天就有一批人从香港岛“偷渡”到九龙，每批少的十来人，多的二三十人。多数人走西线到宝安；少数爱国民主人士容易暴露身份的，或因年老体弱而不适宜跋山涉水的，被安排走了东线。何香凝、柳亚子则乘船直接由游击队护送，走海路摆脱险境。此外，还有少数文化界知名人士，如夏衍、蔡楚生、司徒慧敏等，则由地下党交通员护送他们先到长洲岛，再经澳门至大后方。

从1月下旬开始，一批批文化界知名人士和爱国民主人士在广东人民抗日游击队和中共地方党组织的护送下，越过广九铁路，经过田心、茶园秘密接待站，抵达惠州，再转到老隆，最后途经韶关，顺利转移到大后方。

在各方面的共同努力下，经过前后六个多月的紧张工作，广东党组织和广东人民抗日游击队克服重重困难，顺利地从港九地区营救了文化界知名人士和爱国民主人士300余人及其他人士共800余人，并护送他们到达大后方。

广东人民抗日游击队指战员在营救文化界知名人士和爱国民主人士的斗争中，发扬了不怕牺牲、排除万难、高度负责的精神。何香凝、柳亚子在乘木帆船航行途中，

反映秘密大营救的版画——《护送》

因无风而漂泊在海面多日，船上饮水和粮食都已用尽。危急关头，刘培率领的海上护航队及时送来了淡水和食物。后来，何香凝感慨之余，曾赋诗一首记述这次经历："水尽粮空渡海丰，敢将勇气抗时穷。时穷见节吾侪责，即死还留后世风。"

一次，一名战士护送两位文化界知名人士渡海时，途中遇到日军巡逻，暂避在一个孤岛上。第二天，带来的干粮已经只剩下两条红薯。这名战士宁愿自己挨饿，也不让文化人受饥，把红薯全部都给了文化人，充分表现了游击队战士的献身精神和崇高品格。

被营救脱险的文化界知名人士和爱国民主人士到达东江抗日根据地后，受到游击队上下的热烈欢迎和盛情接待。曾生在白石龙主持接待工作，委派敌后文化工作委员会负责人黄日东建立起临时的接待机构。当时部队和群众的生活极为困难，游击队千方百计筹集接待经费，筹办粮食、肉类，保证他们的日常饮食。中共中央还专门汇款，解决了部分接待经费。游击队用奇缺的药品为他们治病，邀请他们参加各项政治、文化活动，召开座谈会听取他们对游击队各项工作的意见。广大指战员对文化界知名人士和爱国民主人士的热情和尊重，使他们深受感动。他们对于广东人民抗日游击队官兵一致、军民团结、不怕牺牲、艰苦奋斗的革命精神，以及在十分艰苦的环境中都充满着革命热情的乐观主义精神，尤为钦佩。

1 月 14 日，广东人民抗日游击队总部在白石龙召开了一个小型座谈会，庆贺邹韬奋、茅盾等脱险归来，向他们表示慰问。邹韬奋、茅盾等人谈了他们在香港脱险的历程，无不由衷感谢中国共产党和广东人民抗日游击队对他们的营救。邹韬奋说：我们这支文化游击队，是在广东人民抗日游击队的护卫下，由香港转移阵地回来的，没有人民的枪杆子，就没有人民的笔杆子。打倒法西斯，必须有人民的枪杆子，也必须有人民的笔杆子。你们拿枪杆子，我们拿笔杆子，今后一定要把笔杆子和枪杆子结合起来。茅盾说：这次回来，感受很深，特别感到这是作家直接同抗战实践结合，创造革命文学最好的机会。

邹韬奋

茅盾

邹韬奋、茅盾等人在曾生、王作尧等陪同下参观了部队的“山寮报社”，他们对游击队创办的《新百姓报》赞不绝口。邹韬奋等人对部队简易的油印和刻写技术很感兴趣，赞扬报社工作人员艰苦奋斗的精神。邹韬奋不断地说：“真不简单，不简单！我们是同行，我要向你们学习。”茅盾说：“百闻不如一见，看了你们的山寮报社，我对游击队怎样在敌后开展抗日文化工作，了解得更具体了。我坚信，作家只有深入工农大众才能很好地开展革命文化运动。”根据邹韬奋的提议，《新百姓报》改名为《东江民报》。邹韬奋欣然挥笔，题写了《东江民报》的报头，茅盾则为《东江民报》副刊《民声》题写了刊名。

大批文化界名人和爱国民主人士的到来，对部队的政治工作起了很大的推动作用。他们很关心部队的宣传教育、文化和新闻出版工作。邹韬奋专门为《东江民报》写了一篇名为《惠博沦陷的教训》的社论，抨击国民党积极反共、消极抗日的错误方针。女作家杨刚以通俗演义的形式在报纸上向民众讲述战争情形。漫画家丁聪为报纸画漫画……不少人为指战员讲过课：邹韬奋讲中国民主政治问题，茅盾讲文学，胡绳讲哲学，沈志远讲政治经济学，黎澍讲中国革命史，戈宝权讲苏联的妇女运动和社会主义苏联。曾经担任过军医处长的陈汝棠和病理学家吴在东给医务人员讲解剖学、病理学等。美术界、音乐界、舞蹈界、戏剧界的文化人更是活跃，他们教战士们唱歌、跳舞、绘画，传授漫画创作和演戏的基本知识，促进部队的文化建设。他们的这些活动使指战员们扩大了视野，增长了知识，提高了斗志。

众多的文化界人士到达白石龙后，原计划一批一批地把他们转送到路东田心村，再转往惠州。但因为日军占领了惠州、博罗，大批文化界人士被迫滞留在白石龙。为安全起见，游击队在白石龙村后面的丫髻山和阳台山上的蕉窝、深坑以及布吉乡的杨美、雪竹径、水径等村后的树林中办起了“山寮招待所”，把他们分散安置下来。荒僻的山沟里一时歌声飞扬，生机勃勃，气象一新。

邹韬奋是最后离开宝安的，他告别时，部队专门列队欢送他。他激动地说：“我为民主与自由努力奋斗了这么多年，总是感到力量不够。现在看到你们光亮的枪，看到你们亲热的脸庞，我是多么兴奋啊！同志们，希望你们紧握手中的枪，这是胜利的保证呀！”

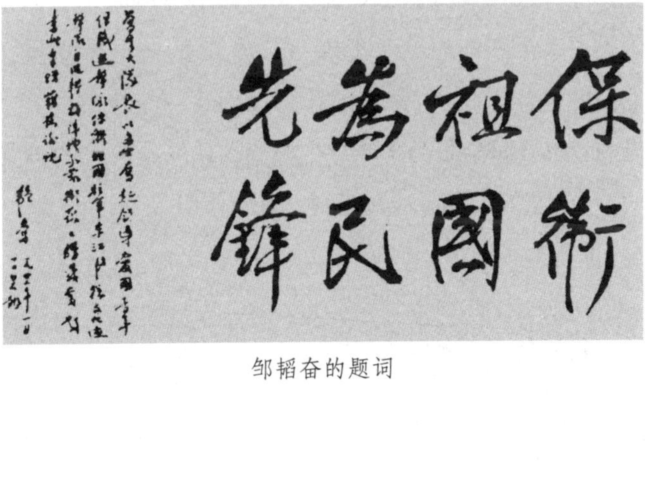

邹韬奋的题词

广东党组织和广东人民抗日游击队在日军严密封锁下，成功营救了如此众多的文化界知名人士和爱国民主人士，并将他们全部安全护送到大后方，没有丝毫差池，可以说是一个伟大奇迹。他们的行动得到了中共中央的表扬，也赢得了国内外各界人士的赞誉。邹韬奋亲笔题写“保卫祖国，为民先锋”八个大字赠给广东人民抗日游击队，茅盾赞扬这次营救工作是“抗战以来（简直可说是有史以来），最伟大的‘抢救’工作”。这真正是一场秘密大营救。

广东党组织和广东人民抗日游击队胜利完成了这次营救文化界知名人士和爱国民主人士的光荣任务，保护了我国一批文化界精英，进一步密切了中国共产党同爱国民主人士和知识分子患难与共的关系，进一步调动了他们的抗日积极性，促进了抗日民族统一战线的发展和巩固，对后来解放战争时期在国统区反对蒋介石独裁统治、开展爱国民主运动都起到了重要作用。

第五章　决计白石龙　游击总队立

太平洋战争爆发后，日本为了摧毁中国的抗战意志，早日结束侵华战争，将中国变为其进行太平洋战争的后方基地，除了加紧对敌占区进行掠夺外，还将中国共产党领导的敌后抗日根据地作为作战重点，不断调动军队，进行更加残酷的大扫荡，妄图消灭中国共产党领导的人民抗日武装。敌后抗日根据地进入了相持阶段最困难的时期。

广东敌后抗日战场遭到了日军的残酷扫荡，但在党的领导下，在反“扫荡”斗争中，敌后抗日武装力量不仅没有被消灭，反而不断壮大。除了东江的港九地区和惠宝沿海地区外，南（海）番（禺）中（山）顺（德）、琼崖（今海南）等地区的敌后抗日武装力量也不断增强。

为了贯彻党中央指示精神，总结敌后抗日游击战争的经验，适应新形势下的敌后游击战争，1942 年 1 月下旬，南方工作委员会副书记张文彬到达阳台山的白石龙

梁鸿钧

杨康华

村，主持召开白石龙会议，尹林平、梁鸿钧、曾生、王作尧、杨康华等游击队领导人都参加了此次会议。

会议总结了广东人民抗日游击队三年来开展敌后抗日游击战争所取得的成绩和经验教训，分析了当前广东的抗战形势、任务和方针政策，讨论了游击战争的战略战术以及部队的军政建设等问题，对进一步开展敌后抗日游击战争和加强部队建设，作出了一系列重要决定。会议提出，“向一切敌人占领区域发展”，在广州外围地区和东江下游的广大敌后地区开展和扩大独立自主的抗日游击战争。同时，必须认清可能遇到的严重困难局面，并做好精神、物质上的准备。在军事上，必须坚决执行“打得赢就打，打不赢就走”的作战方针，避免硬拼打消耗战、阵地战，要消灭敌人有生力量，积小胜为大胜，逐步粉碎敌人的进攻。会议还认为，必须巩固和发展抗日民族统一战线，团结中间势力，注意团结外围的抗日武装，坚决反击国民党顽固派的进攻。

为加强东江地区敌后抗日战争的领导，会上宣告成立东江军政委员会。同时，成立广东人民抗日游击总队，梁鸿钧任总队长、尹林平任政治委员、曾生任副总队长、王作尧任副总队长兼参谋长、杨康华任政治部主任、邬强任参谋主任（邬强未到职，改由周伯明担任）。下辖一个主力大队和四个地方大队：主力大队为第五大队；东莞地区部队为第三大队，东宝边地区部队为惠阳大队，宝安地区部队为宝安大队，港九地区部队为港九大队。建立和健全了各种制度，部队建设进一步走上正轨，为后来成立广东人民抗日游击队东江纵队奠定了基础。

广东人民抗日游击总队还建立了电台，实现了与延安中共中央、重庆中共中央南方局和南方工委、粤北省委的无线电联系。从此，广东人民抗日游击总队能够直接、及时得到中共中央、南方局的指示。广东党组织和广东人民抗日游击总队在中共中央的正确领导下不断发展壮大。创办了机关报《前进报》，宣传党的纲领和方针、政策，报道八路军、新四军、东江抗日根据地以及广东各地抗日游击战争的消息，对提高广大指战员的政治觉悟，团结广大人民群众，起到了十分重要的作用。

白石龙会议正确分析了当时东江地区的抗战形势，明确了今后的斗争方向和任务，加强了部队的各方面建设，对于战胜困难、进一步开展东江敌后抗日游击战争和建立巩固抗日根据地具有重要意义，为粉碎日伪顽的残酷进攻打下了思想和组织基础。

1942 年春节刚过，国民党顽固派就对阳台山抗日根据地形成包围态势，发动了疯狂进攻，叫嚣要在 3 个月内消灭广东人民抗日游击总队。面对咄咄逼人的形势，广东人民抗日游击总队在宝安召开会议，决定主力大队和宝安大队在内线坚持战斗，运用灵活机动的战术，粉碎顽军的进攻。同时，为争取政治上的主动，对国民党顽固派发动政治攻势，以曾生、王作尧等广东人民抗日游击总队干部的名义，用“公开信”的形式，表明坚持团结抗战的立场，要求国民党停止反共摩擦，一致抗日，承认广东人民抗日游击总队的合法地位。但是，国民党顽固派置若罔闻，仍旧坚持发动军事进攻。

4 月 14 日，顽军 3000 余人疯狂向阳台山抗日根据地发动进攻。17 日拂晓，顽军 1500 余人兵分三路向阳台山纵深进犯，妄图一举消灭总队领导机关和主力部队。为避开顽军锋芒，副大队长周伯明率领第三中队牵制顽军，主力则向外线转移。第三中队面对重兵，沉着应战，先后击退顽军三次冲锋，毙伤顽军数十人，胜利突围。19 日，顽军又出动 1000 多人，分两路进攻阳台山。其中一路进攻总队队部所在地白石龙。第五大队第一中队在樟坑与顽军展开激战，掩护队部安全撤退。战斗中，颜庆增等 20 多名战士壮烈牺牲。

顽军占领龙华、乌石岩后，疯狂搜捕、枪杀留下坚持斗争的工作人员及抗日积极分子，大肆抢掠群众财物，焚烧房屋，使抗日根据地受到很大摧残。

行军过程中的广东人民抗日游击总队战士

为粉碎顽军进攻,减轻阳台山抗日根据地的压力,并恢复大岭山抗日根据地,6 月下旬,梁鸿钧、王作尧、杨康华、邬强率领主力大队和惠阳大队挺进东莞,声东击西,会同第三大队进攻盘踞在大岭山抗日根据地的顽军部队。26 日,第三大队第二中队诱敌深入,将顽军引入伏击圈。担任阻击任务的主力大队立即向顽军开火,顽军慌忙逃窜,未能将其全歼。第二天,主力大队和惠阳大队与前来增援的顽军保安第八团展开激战,毙伤顽军 50 余人。29 日,主力大队和惠阳大队又在红山与顽军展开激战,打退顽军的多次冲锋,打死打伤顽军多人。随后,主力大队和惠阳大队转入追击,把顽军赶走了。

这几次战斗,虽然未能全歼顽军,但广东人民抗日游击总队集中兵力进行游击性运动战的尝试,使部队得到了锻炼。同时,给顽军以重大杀伤,在大岭山抗日根据地重振了军威,对牵制顽军对阳台山的重点进攻,恢复大岭山抗日根据地,都起到了促进作用。

7 月,顽军的进攻在阳台山抗日根据地军民的坚决反击下被迫停止。国民党吹嘘的 3 个月内消灭广东人民抗日游击总队的计划宣告破产后,又妄图用政治欺骗"溶化"中共领导的人民抗日游击队,用高官厚禄拉拢腐蚀干部,瓦解广东人民抗日游击总队。

7月中旬，国民党广东当局派人到宝安要求与广东人民抗日游击总队谈判。总队在请示南方局后，决定派王作尧等前去谈判，并希望通过谈判了解国民党方面的具体情况。谈判中，国民党代表企图以给番号、发军饷等手段离间分裂广东人民抗日游击总队，被严词拒绝。王作尧对国民党顽固派的军事进攻表达了严正抗议，要求立即无条件停止进攻，并针锋相对地提出独立自主原则，要求国民党当局保证游击总队安全，专在游击区打击日军。由于国民党方面毫无诚意，双方谈至深夜仍无任何结果。

此时，王作尧得知顽军已从平湖出动进犯根据地，国民党当局假借谈判名义进行军事进攻的面目彻底暴露，谈判乃告中断。王作尧等人星夜赶回布吉附近驻地。第二天一早，顽军一个团向乌石岩进犯。早有防范的宝安大队给顽军以迎头痛击后，主力转入纵深地区，另以小股部队打麻雀战，专打分散、薄弱之敌。非战斗人员分散隐蔽，地方干部则带领群众坚壁清野。国民党顽固派企图一面谈判、一面突然袭击的阴谋宣告破产。

随后，广东人民抗日游击队总队利用战斗间隙，在宝安布吉附近的径上村召开会议，分析当下形势，研究部队下一步工作。会议总结了反顽斗争的经验教训，决定总队队部率部分主力向阳台山以西、宝太公路两侧转移，加强对日伪军的作战，兼顾分散顽军的注意力。同时，以原主力大队为基础，再从第三大队和惠阳大队抽调一部分骨干重建主力部队，代号“珠江队”，彭沃任大队长，卢伟良任政治委员。

10月，顽军再次向广东人民抗日游击总队和抗日根据地发动疯狂进攻，实行“勤剿、穷追、杜绝”的方针，矛头仍指向总队领导机关。所谓“勤剿”，就是天天出动，夜夜行军，拂晓包围，深入腹地，分区“清剿”；所谓“穷追”，就是要把广东人民抗日游击总队直追到日军的据点附近，从而不能利用顽军与日军之间的间隙隐蔽；所谓“杜绝”，就是断绝广东人民抗日游击总队的一切经济供给来源，严密封锁物资，专门扑打广东人民抗日游击总队的税站。除此，国民党广东当局还公开诬蔑共产党，公然挂出“剿共”招牌，军事、政治、经济三管齐下，妄图将广东人民抗日游击总队赶尽杀绝。

10月中旬，面对顽军的疯狂进攻，广东人民抗日游击总队队部率领珠江队转移到阳台山以西、宝太公路松岗至西乡两侧敌占区活动。11月9日，顽军侦悉广东人民抗日游击总队队部驻在西乡以东约2公里的上川村，立刻从三个方向向上川村扑来。早有防范的珠江队在离上川村约2公里的尖岗山、塘坳一带击退了顽军进攻。

12 月 24 日，宝安大队第一中队副中队长卢耀康、政治指导员黄密、副指导员王天锡带领两个班共 20 余人，转移到黄田以西的基围。翌日清晨，顽军兵分两路向黄田基围进攻。卢耀康、黄密等指挥战士们依托基围大堤英勇抗击顽军，保护 4 公里外的总队队部安全转移。战斗从早晨一直持续到下午，他们打退了顽军的多次冲锋，直到子弹打光。顽军蜂拥而上。勇士们后临珠江，身陷滩涂，无法撤退，于是把枪支破坏，投出最后的几颗手榴弹后，倒在了血泊中。这场战斗中，卢耀康、黄密等 17 位英雄献出了年轻的生命，被誉为“黄田十七勇士”。

黄田战斗后，珠江队在尖岗山至白芒周围山地又和顽军打了一仗。在邱特小队长的率领下，用灵活的麻雀战，打得顽军疲于奔命，困扰不堪。然后出动主力，把顽军直追到乌石岩，共杀伤其 40 多人。由于珠江队东突西打、捉摸不定，顽军再也不敢到宝太公路来了。

敌人三个多月的“勦剿、穷追、杜绝”式围攻不但没有消灭广东人民抗日游击总队，反而使部队在战斗中得到锻炼，战斗力更加旺盛。顽军被迫停止了第三阶段的进攻。至此，顽军对阳台山抗日根据地的进攻宣告失败。

在大岭山，由于力量悬殊，大岭山东部一直被顽军占据和控制着，大岭山抗日根据地一时难以恢复。第三大队为了坚持和发展东莞敌后抗日游击战争，由邬强、陈志强率领，决定向西南和西面的太平、厚街一带的平原水网地区挺进，在平原水网地区开展游击战。

太平地区是一百多年前林则徐虎门销烟、进行鸦片战争的战场，当地人民具有爱国反帝的光荣传统。第三大队进入太平地区后，得到了人民群众和各阶层开明人士的爱护和支持。第三大队经过几个月的艰苦斗争，打了一系列小胜仗，逐步站稳了脚跟，建立起抗日游击基地。到1942年秋冬，建立了一支由两个中队和短枪队组成的近300人的队伍，为恢复大岭山抗日根据地创造了条件。

11月21日，第三大队第一中队在莞太公路北栅附近将被日军围困的国民党部队一八七师的一个团解救了出来，打死打伤日军30多人。这场战斗在大岭山区引起了强烈反响，得到了抗日军民的高度评价。

曾生率领第三大队第一中队转移到惠宝边区的坪山之后，面临日伪顽多角斗争的复杂局面。为打开局面，曾生对国民党杂牌部队采取了“利用矛盾、争取多数、孤立少数、各个击破”的策略，实行争取、利用和打击相结合的方针。1942年2月，第一中队联合其他部队，赶跑了比较反动的梁永年部，同时与“国民兵团联防自卫队”等建立了统战关系，逐渐打开了斗争局面。4 月，成立了惠阳大队，很快发展到 300 多人。

惠阳大队积极向日伪军出击。4 月 10 日，在沙鱼涌击退了乘船登陆抢掠的日军。紧接着，又袭击沙头角日军哨所，在九径口击毙前来报复的日军 10 余人。惠阳大队获悉了驻惠阳横岗的日军炮兵队常常到附近乡村掠夺粮食、马料的情报，决定打一场伏击战。5 月 14 日，大队长彭沃、副大队长高健根据敌我兵力装备悬殊，铜锣径距横岗仅 4 公里、日军援兵会迅速赶到等情况，强调作战行动必须高度机智，速战速决。当即部署以第一、第二小队为主攻，第三小队向横岗方向警戒。下午 3 时许，日军从碧岭方向抢劫回来，迈着疲惫的脚步缓慢行进，驮着大捆大捆抢掠来的粮食和稻草的战马也吃力地前行。敌人一进入伏击圈，彭沃一声令下，大队全部机枪、步枪、掷弹筒一齐开火，子弹暴风骤雨般倾泻下去，日军猝不及防，顿时人仰马翻，东倒西歪，死的死，伤的伤，未被打死的军马在峡谷中狂奔。不少日军士兵大叫着四处乱跑，有的躲到水沟里顽抗。指战员趁势冲下公路，与日军展开肉搏，3 名战士在搏斗中英勇牺牲。战斗进行了半个多小时，驻横岗日军闻讯赶来增援，与担任警戒的第三小队接触。彭沃大队长见杀伤日军有生力量的目的已达到，遂下令部队撤出战斗，分路下山向三洲田转移。铜锣径伏击战，击毙日军 15 人，打伤日军 20 多人，打死战马 10 多匹，缴获战马 3 匹。这次战斗的胜利，是因为游击队指挥员正确的战斗部署和指挥以及指战员们勇敢作战而取得的。胜利的消息迅速传遍了东江敌后，抗日军民无不欢欣鼓舞。

为进一步发动广大群众，曾生与政训室主任叶锋率领民运工作队深入广大农村，把群众发动和组织起来，提高他们的抗日积极性，成立了各种群众组织，建立了基层抗日民主政权。接着，成立了独立中队，刘培任中队长。惠阳大队和独立中队又打退了顽军的多次进攻，以坪山为中心的惠宝边抗日根据地又建立起来。

第六章　运筹乌蛟腾　巩固惠东宝

随着国际反法西斯战争的节节胜利，中国抗日战争形势也有了新的发展。到1943年春，华北、华中和华南抗日根据地都进入了恢复和再发展的新时期。

1943年1月，遵照中共中央指示，中共广东省临时委员会(简称“省临委”)和东江军政委员会成立，统一领导东江和珠江三角洲等地的抗战工作。2月下旬，省临委在新界沙头角区的乌蛟腾召开会议，总结东江敌后抗日游击战争的经验教训，部署下一步的工作。

会上，与会代表学习了中共中央、南方局的指示，认真总结了一年来对敌斗争的成绩和经验教训，特别是检讨了反顽斗争的教训。与会代表一致认为，虽然当前局势非常险恶，但只要我们采取正确的应对策略，一定能够战胜困难、夺取胜利。会议认为，必须把积极主动反击日伪顽作为当前部队行动的方针，以迅速改变被动地位，争取局势好转。为此，会议作出了几项决定：

一是加强思想政治教育，加强党性锻炼，进一步认清国民党顽固派反共反人民的反动本质，广泛开展抗日民族统一战线工作，最大限度地孤立顽固派，对顽军的进攻进行针锋相对的斗争。二是进一步深入敌后，发展新区，扩大我军回旋区域。三是精兵简政，充实基层，加强战斗连队。四是加强主力部队建设，提高部队政治素质，增强战斗力。五是加强外围武装建设，建立和发展人民抗日自卫队。六是坚持独立自主、自力更生的方针，开源节流，积极开展生产运动。七是总队领导干部分散到各区，进一步加强领导。

乌蛟腾会议是广东人民抗日游击战争历史进程中，克服困难、扭转被动、走向主动的重要会议。它使广东人民抗日游击总队上下确定了坚决进行反顽斗争和积极主动打击日伪军的方针，为打开东江和珠江三角洲等地敌后抗日游击战争的局面奠定了坚实的思想基础，为部队以后的发展准备了条件。

按照乌蛟腾会议确定的积极、主动打击敌人的方针，从1943年初开始，广东人民抗日游击总队向日伪军展开全面出击，对破坏抗战团结、大搞“反共”军事摩擦的顽军也给予有力反击，从而在困难中打开了东江敌后抗日游击战争的新局面。

在阳台山抗日根据地，珠江队在宝安大队的配合下，克服日伪顽夹击的不利条件，积极主动地向宝太公路沿线的日伪军出击，捷报频传，战绩显著。1943 年 2 月下旬至 3 月初，珠江队四打西乡伪军，取得了很大胜利。接着，经过周密部署，5 月 2 日，又夜袭驻扎福永炮楼的伪军一个中队，仅用 20 分钟，就全歼伪军一个连，除击毙者外，俘虏伪军 30 多人，缴获轻机枪 6 挺、步枪 44 支和其他物资一大批。这次战斗的胜利使广东人民抗日游击总队在宝太线上夺取了战斗的主动权，对东莞、宝安两块根据地密切配合作战乃至连成一片起到了积极作用。5 月 26 日，珠江队夜袭沙井伪军，全歼伪军一个连和一个排。7 月 19 日，又乘胜袭击公明伪军，使东莞大岭山抗日根据地与宝安阳台山抗日根据地连成了一片。在出击日伪军的同时，珠江队还与宝安大队第一中队配合，多次击溃了来犯的顽军。10 月 26 日，珠江队通过内应带路，袭击了松岗伪军，全歼守敌，缴获重机枪 1 挺、轻机枪 2 挺及长短枪 30 多支。

5 月上旬，宝安大队夜袭固戍伪军黄合部，全歼伪军一个中队，缴获轻机枪 7 挺、手枪 13 支、步枪 40 支。6 月下旬，又夜袭沙湾丹竹头伪军一个排。

宝安地区部队互相配合，不断歼灭伪军，打退顽军的进攻，打开了宝太公路沿线斗争的新局面，改变了敌我态势，夺取了战场的主动权，提高了部队的士气和胜利信心，使阳台山抗日根据地得到了迅速恢复和扩大。

乌蛟腾会议后，第三大队在大岭山区较好地运用游击战术，主动出击日伪军，连战连捷。邬强、卢伟如率领的第三大队为加强部队的战斗力，更加灵活机动地打击敌人，部队于3月整编为3个中队、1个重机枪排和1个手枪队。部队整编后，以杨西、治平两个乡为中心，沿莞樟公路、莞太公路、宝太公路北段、广九铁路西侧，积极主动向日伪军出击，大岭山抗日根据地逐渐得到恢复和扩大。

4月，日军部署在莞城和莞太公路两侧全面“清乡”，任命土匪头子、汉奸张葵为“清乡委员会主任”。广东人民抗日游击总队为粉碎敌人的“清乡”计划，除由第三大队配合地方党组织积极做好反“清乡”斗争的准备外，总队政治部还派锄奸队进入莞城，惩处了张葵等汉奸，打乱了敌人的“清乡”计划。

5月10日，第三大队向南转到宝太线，出击伪军在霄边的据点，毙伤伪军连长以下30余人。18日，又袭击伪军麦定唐部，毙伤伪军20余人。7月5日晚，第三大队直捣驻扎在莞城以南3公里的篁村的伪军一个连，仅10分钟就结束了战斗，俘虏连长以下50余人，缴获轻机枪2挺、长短枪40多支。7月底，第三大队主力奇袭茶山，全歼伪军一个中队。8月，第三大队再度挥戈南下，攻打虎门以东4公里的日军的外围据点——北栅，这里驻有伪军一个联防大队。此次战斗，俘敌60余人，缴获轻机枪2挺、长短枪30余支，消灭了麦浩伪联防大队的大部分兵力。

北栅战斗胜利后，第三大队又粉碎了顽军合围的企图，使得顽军再不敢轻易进犯大岭山，大岭山抗日根据地日益得到巩固。

10月20日，第三大队第三中队和手枪队在莞(城)(石)龙公路的沙岭设伏，伏击了前往东莞各地"劳军"的大汉奸陈璧君(汪精卫之妻)和伪广东绥靖公署少将参谋长黄克明及其车队，毙伤日伪军10余人，陈璧君受伤。陈虽然侥幸逃过一劫，但回到广州后，仍惊魂未定，再也不敢到处视察慰问。这次战斗使驻守在莞城的日伪军和东江地区的日伪军都大为震惊。

在坪山抗日根据地，1943年1月2日拂晓，广东人民抗日游击总队独立中队在坝光坳伏击顽军一个中队，全歼顽军。这场战斗造成的震动很大，驻大鹏城、王母圩、澳头等地的顽军仓皇撤回淡水，大鹏半岛又回到广东人民抗日游击总队手中。

顽军不甘心失败，一心企图报复。1月中旬，顽军以两个营的兵力，经西坑分两路向驻盐田的惠阳大队进攻。一路经小坳，一路经大坳。经小坳的一路顽军，遭到惠阳大队一个小队的阻击，无法前进。顽军遂将大坳的一路部队集中到小坳，增强攻击惠阳大队的力量。战斗从早上5时，一直持续到下午4时，顽军始终不能越雷池半步，最后狼狈败退。

1月30日，顽军采取拂晓前偷袭的战术，又向梧桐山地区的惠阳大队进攻。惠阳大队在十分被动的情况下奋起反击，将其击溃。战斗激烈的时候，驻沙头角的日军也出动配合顽军进攻，企图合击惠阳大队。面对夹击，惠阳大队一个担负掩护任务的小队，巧妙地撤出了战斗，使日军和顽军对打起来。这次战斗击毙顽军连长一人。顽军连遭失败后，半年多时间未敢轻易踏入坪山、龙岗。这一地区遂为惠阳大队所控制，惠宝边区坪山抗日根据地得到恢复和巩固。

打退顽军的进攻后，惠阳大队还积极进行开辟梧桐山新区的斗争，经过近一年的时间和一系列战斗，取得了很大进展。梧桐山东部和北部地区，已经和中心区连成一片，成为比较巩固的抗日根据地；梧桐山西部和南部地区，除少数据点外，也为广东人民抗日游击总队所控制。

当时，驻扎在稔平半岛的伪军为非作歹、无恶不作，民愤很大。曾生应当地群众的要求，决定派独立中队消灭这股伪军，乘势挺进稔平半岛。7月6日晚，副中队长叶基率领突击队，进攻马鞭海域的伪军船队，大获全胜，拔掉了大亚湾海域的这个日伪军钉子，为广东人民抗日游击总队控制大亚湾海域、挺进稔平半岛创造了条件，也创造了广东人民抗日游击队海战的范例。

7月中旬，独立中队扩编为护航大队，主要任务是以大鹏半岛为基地，控制大鹏湾与大亚湾，开辟稔平半岛抗日游击基地，担负广东人民抗日游击总队向东扩展的使命，开展稔平半岛敌后游击战争。9月上旬，护航大队消灭顽军一个中队，进一步巩固了大鹏半岛抗日根据地，控制了从陆上到稔平半岛的通道。

12月，进入稔平半岛的护航大队第一中队在暗街歼灭伪盐警队，解放暗街。随后，护航大队集中了第二中队、短枪队和海上部队，会同已在霞涌附近活动的独立小队，占领霞涌，并第二次解放了暗街。这场战斗沉重打击了日伪军，进一步扩大了广东人民抗日游击总队在稔平半岛的政治影响。接着，护航大队采取远道奔袭的战法，攻下了平海镇。暗街战斗和平海战斗的胜利，不仅使广东人民抗日游击总队在稔平半岛站稳了脚跟，进一步巩固了稔平半岛这块新开辟的抗日游击基地，而且使护航大队海上部队得以把活动范围扩展到红海湾，为广东人民抗日游击总队继续向东发展创造了条件。

港九大队战士

港九地区的游击区也不断扩展。港九大队为粉碎日军的“强化治安运动”和对游击队活动地区的“扫荡”，针对敌强我弱和港九地区回旋余地小的特点，在港九地区全部实施短枪队活动。港九大队建立了严密的情报网，从而准确地掌握了日军出动“扫荡”的时间、地点，保证了反“扫荡”斗争的胜利。

在日军出动“扫荡”时，港九大队各个短枪队，采取“敌进我进”的战术，避敌锋芒，以分散活动为主，经常变换驻地，使敌人摸不清状况，找不到目标，只好收兵。短枪队则抓住有利时机，精准打击敌人，处决汉奸。港九大队短枪队还和民运队紧密配合，进一步发动和组织群众，在积极分子中发展党员，巩固抗日游击基地，发展新区。到 1943 年春夏以后，以各地区的短枪队为基础，先后建立了沙头角中队、海上中队、西贡中队、元朗中队和市区中队。至此，港九大队发展为拥有 5 个地区中队、1 个海上中队、2 个长枪中队和 1 个直属中队约 800 人的队伍。

增博边抗日游击基地也逐步开辟。1943 年 1 月，增城沦陷区县委改为特派员制，决定重组抗日武装，恢复党支部和党小组活动，为恢复抗日武装斗争准备条件。6 月，阮海天率领武装分队挺进增城地区以恢复东江北岸地区和广州外围敌后抗日游击战争，不久就组建了一个中队的抗日武装，并挺进增博边地区。10 月，以这支部队为基础，扩编为广东人民抗日游击总队独立第二大队，阮海天任大队长。独立第二大队积极进行增博边抗日基地的建设工作。11 月，独立第二大队袭击了联和圩的伪联防队，首战告捷，从而在此地站稳了脚跟。

1943 年 11 月，日军为打通平汉、粤汉和广九铁路，将中国大陆作为它垂死挣扎的基地，支持太平洋战争，发动了对东宝抗日根据地的大“扫荡”，企图消灭广东人民抗日游击总队主力，巩固其占领的广九铁路沿途据点，保障广九铁路的正常通车。

11 月 18 日拂晓，日军利用大雾作掩护，出动日伪军 1 万余人，采取“铁壁合围”的战术，兵分三路向东莞大岭山区发动大“扫荡”，妄图合围消灭广东人民抗日游击总队在东莞地区的主力。

其时，在大岭山区活动的有第三大队、珠江队和抗日自卫队共 1000 多人。面对日军的“铁壁合围”，广大指战员积极沉着应战，先后毙伤日伪军 60 余人。随后，各部队逐步撤到大岭山上。副总队长王作尧以及邬强、彭沃等人冷静分析认为，敌强我弱，为避免不必要的伤亡，应趁夜色分三路秘密突围。经过周密部署，在广大群众的密切配合下，各部队神不知鬼不觉地跳出了敌人的重围。第二天拂晓，日军以飞机和大炮轰炸为掩护，分路攻上大岭山，结果扑空。日军一场苦心策划、妄图一举消灭广东人民抗日总队在东莞主力的计划宣告破产。

部队胜利突围出来后，立即开展反“扫荡”斗争的部署，决定采取“敌进我进”的反“扫荡”作战方针与战术行动，以粉碎日军的“扫荡”。第二大队主力出击茶山、常平等车站，破坏广九铁路交通和通信联络；王作尧和彭沃率领珠江队出击广九铁路两侧；活动在莞太线地区的短枪队进入莞城，杀汉奸、散发传单、炸毁附近的公路桥梁……这一系列的抗日活动给了日军有力的牵制和威胁。第一中队在莞太线击溃水乡伪军一个团，俘虏一个排，使莞城、石龙的日军大为震惊。宝安大队袭击了西乡的日军飞机场，击毁敌人飞机 2 架。日军对大岭山地区的所谓“万人扫荡”不到 10 天就被彻底粉碎了。

11 月下旬，日军又对宝安阳台山抗日根据地发动了连续“扫荡”。11 月 22 日，日军出动 500 余人分三路进犯布吉、龙华。活动在阳台山抗日根据地的宝安大队和突围到这里的珠江队等部队决定与日军周旋，伺机予以打击。日军发动数次冲锋均被打退，狼狈而逃。12 月 4 日，日军再次纠集 500 余名兵力以乌石岩为目标进行“扫荡”。一路日军由天堂围经观澜等地向乌石岩推进，被珠江队和抗日自卫队伏击，损失惨重，被迫撤退。另一路日军沿布龙公路进犯龙华，被宝安大队及短枪队截击，不得不仓皇撤回布吉。日军对宝安阳台山抗日根据地的连续“扫荡”也以失败而告终。

至此，日军以打通广九铁路为作战目标而进行的“扫荡”大岭山抗日根据地、阳台山抗日根据地的计划全部破产。广东人民抗日游击总队在粉碎日军的“扫荡”后，适时集中兵力打击日伪军和伪联防队，恢复和扩大了惠东宝抗日根据地。

广东人民抗日游击总队在乌蛟腾会议精神的指引下，在对日伪顽军的作战中取得了很大的胜利。惠东宝抗日根据地已经完全恢复，并且向莞太、莞樟、莞龙、宝太、宝深公路和广九铁路中段两侧，大鹏湾、大亚湾沿海，以及梧桐山周围、广州外围扩展。同时，还开辟了港九和增博边抗日游击基地，进一步打开了东江敌后抗日游击战争的新局面。

第七章　东纵始创立　全民共御侮

1943 年，世界反法西斯战争形势开始发生根本性好转。盟军在各条战线上由战略防御转为战略进攻。中国抗日战争形势也发生了重大变化，日军在敌后战场上遭到根据地军民连续不断的沉重打击，分割蚕食封锁抗日根据地的政策遭到失败。华南各地人民抗日游击战争也不断取得新胜利。在东江地区，广东人民抗日游击总队在困难中打开了局面。1943 年 12 月，粉碎了日军对东莞、宝安地区的大“扫荡”和国民党顽固派的进攻，取得了一连串主动出击敌人的重大胜利，部队和抗日根据地都得到了全面恢复和发展。

东江人民抗日武装自 1938 年建立之日起就在中国共产党的领导下，坚持敌后抗日游击战争，但由于客观条件的限制，为便于开展活动，一直没有正式公开。1943 年 7 月 10 日，尹林平致电中共中央南方局，提出“我队面目公开对实际活动无碍”的请求和建议。8 月 23 日，新华社在延安《解放日报》发表的《国共两党抗战成绩的比较》和《中国共产党抗击的全部伪军概况》中，第一次向全国和全世界宣布广九铁路地区有中国共产党领导的抗日游击队在抗击日伪军。随后，中共中央指示将广东人民抗日游击总队的番号改为"广东人民抗日游击队东江纵队"，正式公开宣布接受中国共产党的领导。

小贴士

《解放日报》：1941 年至 1947 年中国共产党中央委员会机关报。1941 年 5 月 16 日在延安创刊。初为二版，后改出四版，毛泽东题写报头并撰写了发刊词。1947 年 3 月，中共中央撤离延安时停刊。

遵照中共中央的指示，1943 年 12 月 2 日，广东人民抗日游击队东江纵队（简称"东江纵队"）在惠阳县土洋村（今属深圳市大鹏新区）正式公开宣布成立。司令员曾生、政治委员尹林平、副司令员兼参谋长王作尧、政治部主任杨康华联名发表《东江纵队成立宣言》（简称《宣言》），庄严宣告东江纵队是人民的子弟兵，坚决拥护中国

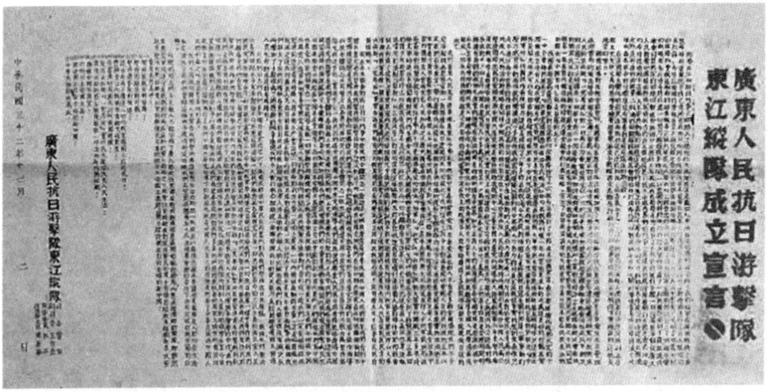
廣東人民抗日游擊隊東江縱隊成立宣言

廣東人民抗日游擊隊東江縱隊

中華民國三十二年十二月

东江纵队成立宣言

共产党的政治主张，接受中国共产党的领导，为打败日本帝国主义，建设独立、自由、幸福的新中国而奋斗。

《宣言》指出，东江纵队在中国共产党领导下，坚持团结抗日的政策，反对投降，坚持团结，反对分裂，坚持进步，反对倒退，坚持民主，反对法西斯“一党专政”和官僚资本的垄断剥削。主张各界爱国同胞在团结抗日的目标下，互相帮助，互相忍让，以解决一切纷争，改善人民的生活，增强各阶层的合作。东江纵队保护一切爱国同胞的人权、财权，欢迎伪军反正，欢迎一切不愿做亡国奴的人们参加抗日。东江纵队是中国共产党领导下的部队，是人民的抗日武装，除了中华民族与中国人民的利益之外，并没有其他利益。

《宣言》宣告，东江纵队坚决拥护国际反法西斯统一战线，愿与各盟邦及国际友人密切合作，希望能与国际友人在互相尊重、密切合作下，共同完成打败日本帝国主义的任务。

1944年1月1日，东江纵队分别在惠阳县坪山（今深圳市坪山区）、宝安县龙华（今深圳市龙华区）、东莞大岭山区等地召开庆祝东江纵队成立的大会。曾生、尹林平、王作尧、杨康华公开发布《就职通电》，并发布第一号布告，重申东江纵队的宗旨和抗日民族统一战线等各项政策。

东江纵队成立时，下辖7个大队，共3000余人：独立第二大队，大队长阮海天、政治委员李筱峰；第三大队，大队长邬强、政治委员卢伟如；第五大队，大队长彭沃、政治委员卢伟良；惠阳大队，大队长高健、政治委员李东明；宝安大队，大队长曾鸿文、政治委员何鼎华；护航大队，大队长刘培、政治委员曾源；港九大队，大队长蔡国梁、政治委员陈达明。纵队领导机关有司令部和政治部，并建立和健全了各种工作和生活制度。

东江纵队的成立，在国内外产生了重大政治影响，大大提高了中国共产党和人民抗日军队的威望，对广东各地人民抗日武装给予了极大的鼓舞和推动，也更加坚定了为夺取抗日战争的胜利而共同奋斗的信心。

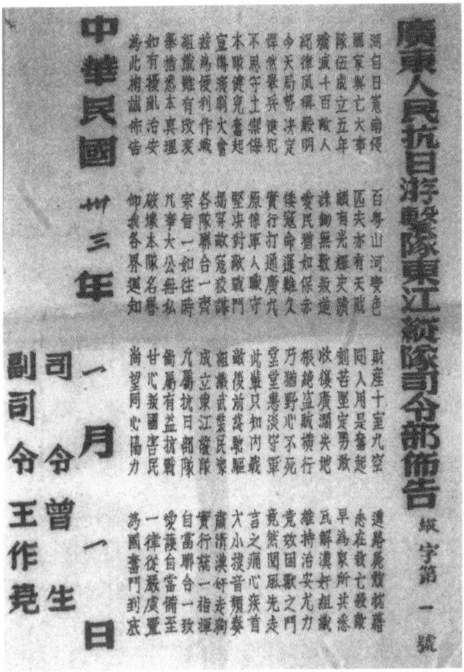

东江纵队司令部布告

东江纵队成立后，纵队领导机关对所处的斗争环境进行了分析：第一，处于日伪顽的夹攻之下，敌我力量悬殊；第二，根据地和游击区的范围不大，为敌人的交通网与据点所分割，又处在香港、广州两大城市之间，部队多在敌占区活动，回旋余地较小，只能机动灵活地和敌人兜圈子周旋；第三，孤悬敌后，远离中共中央，远离八路军、新四军主力，没有强大的后方，经济供给困难。因此，部队一定要从实际情况出发，不能与敌人硬拼，一切要作长期打算，善于积蓄力量，善于避开敌人的进攻，在有利条件下主动打击敌人，战胜敌人，积小胜为大胜；必须紧密依靠群众，团结广大抗日爱国人士，利用敌人的矛盾分化瓦解敌人，不断发展壮大自己的队伍；队伍必须更为精干，每个指战员都要能独立作战，能文能武，真正成为武装宣传者与组织者。这一切最重要的是加强党的领导，加强部队的思想政治工作，加强对干部的教育与培养，提高广大指战员的政治素质和军事素质。

东江纵队司令部和政治部联合发出通知，号召部队将庆祝纵队成立的活动与开展英模活动联系起来，在全军迅速开展杀敌立功竞赛和拥政爱民、扩军运动。在部队的号召下，各地区部队在地方基层党组织和抗日民主政府的领导下，广泛开展扩军竞赛，人民群众踊跃参军。在东江纵队成立后的半年多时间里，部队得到迅速的发展和壮大，由成立时的7个大队3000多人，发展到9个大队和1个独立中队，近5000人。

东江纵队在积极开展扩军的同时，还在广九线上、路东和路西，港九敌后，大鹏湾海域，多路出击，广泛开展敌后抗日游击战争，开展杀敌立功竞赛，在战斗中不断壮大队伍。

“小鬼班”班长黄友(画照)

东江纵队在粉碎日军大“扫荡”后，主力第五大队、第三大队和独立第三中队频频向广九线上的日军出击，与敌人展开了通车与反通车的斗争。1944 年 1 月 11 日开始，第三大队多次袭击广九铁路常平车站，全歼伪军 1 个连，缴获长、短枪 30 余支。2 月 29 日，又在常平歼灭伪护路队，争取了驻常平伪军暂编第一团缴械投诚。2 月 3 日，第五大队在抗日自卫队的配合下，夜袭林村日军物资收集队，缴获全部物资，击毙日军 2 名，俘虏数名。2 月 15 日，独立第三中队袭击平湖日军。战斗中，“小鬼班”班长黄友猛扑向日军的机枪射手，夺过机枪，迅速消灭敌人。这次战斗击毙日军 8 人，缴获轻机枪 1 挺、步枪 6 支。

2月下旬，东江纵队又在广九铁路中段全线开展破袭战，袭击日军，阻止通车。

3月31日，驻大朗的伪军为确保广九铁路畅通，出动了1000余人分两路进攻驻梅塘黄猄坑村的第三大队。第三大队大队长邬强接到伪军出动的情报后，找来驻扎在不远处长山口村的第五大队大队长彭沃，一同察看了黄猄坑周围的地形，研究和制定了诱敌深入、在运动中歼灭敌人的作战方案。当天清晨，伪军气势汹汹地直奔黄猄坑而来。第三大队用1个小队在黄猄坑西北山地敌人的来路上与敌人展开麻雀战，消耗敌人，并将敌人逐步引入黄猄坑。敌人进入黄猄坑，发现扑空后，慌忙向北撤退。此时，隐蔽在黄猄坑西南面山上的第三大队主力从左翼杀出，第五大队主力从右翼插上，两支劲旅对敌人展开了钳形攻势。指战员们在猛烈火力掩护下，犹如猛虎擒狼，猛打猛冲。梅塘乡的抗日自卫队和民兵也登上四周山头向敌人射击。伪军为了掩护撤退，派1个连抢占村西北面的凤山。邬强立即下令平西中队切断凤山敌人的退路，在自卫队和民兵的配合下，将这股敌人包围起来。两大队则从左右两面对撤退之敌展开追击战。部队紧追不舍，敌人乱作一团，只顾夺路逃命，慌不择路，有的掉进河溪，有的滚落山岩，有的眼看跑不掉，索性举手投降。战斗进行到下午，第五大队1个中队从黄江圩向敌人侧翼迂回，截断了敌人的后撤部队。被追至黄江河的敌兵，大部分将枪支弹药丢进河中，涉水过河，狼狈逃回大朗。追击战甫停，第三大队立即返回凤山，解决了被包围在此地的敌人。至此，战斗胜利结束。此战歼灭伪军2个多连，缴获轻机枪3挺、步枪100多支。这是东江纵队运用游击战和运动战相结合的战术，以少胜多、在运动中歼灭敌人、打得比较好的一次战斗。

钟若潮(泰国华侨)

5月8日拂晓，盘踞在樟木头的日军加藤大队3个中队和1个短枪队共500余人，偷袭位于东莞梅塘乡龙见田村的东江纵队领导机关和第三大队。敌人的行动正好被出操的第三大队发现，第三大队立即分散隐蔽，做好战斗准备。第三大队独立中队第一小队在小队长袁康带领下，一鼓作气爬上150米高的马山头，先敌30米占领制高点。中队长黎汉威、政治委员钟若潮率第二小队占领马山尾主峰。邬强也随部队登上马山尾指挥作战。驻长山口村的第五大队听到龙见田村方向的枪声，大队长彭沃立即率队驰援：第一中队占领象山，第三中队占领猪肝山，堵截敌人的退路；第二中队监视东面一线。敌我双方在马山展开激烈的争夺战。独立中队第一小队先敌开战，利用居高临下的地形，将机枪、步枪、手榴弹的密集火力压向敌群，敌兵受创纷纷滚下山坡。7时许，日军分三路从东南、东北、正北进行反扑，第一小队严阵以待，等日军靠近阵地立即集中火力猛烈射击，日军死伤多人后败退。8时至11时，日军又接连发起4次猛烈冲锋，密集的炮弹在马山顶上爆炸，松树被削断，茅草被烧着，整个山头被浓烟笼罩。勇士们奋不顾身坚守山顶阵地，一次又一次打退敌人的进攻，毙伤敌军数十人，赢得了宝贵的时间，保证了纵队领导机关安全转移。然而，独立中队在浴血奋战中伤亡30多人，政治委员钟若潮牺牲，中队长黎汉威负伤。第一小队除小队长袁康和6名伤员外，其余全部壮烈牺牲。

下午1时许，日军由于先头部队在马山受重创，后续部队又无法展开，有撤退的迹象。纵队领导紧急部署部队包围敌人，展开反击战。第三大队第二、第三中队迅速占领马山两侧高地，直接支援独立中队作战。东莞大队负责正面追击，由田心直插龙见田北对面的平点山截击敌人。长山口、梅塘地区的民兵队伍也赶来配合部队作战。民兵队长叶常伯把土炮抬到阵地上发炮，增强了部队火力，壮大了声威。此刻，部队和民兵约 700 人，从东、西、南三面形成了半月形包围圈，将日军围困在马山北侧的山沟中。日军多次组织兵力发起冲锋，企图夺取猪肝山、象山，组织撤退，均受第五大队居高临下的火力压制而未能得逞。下午 3 时许，日军两次施放烟幕掩护撤退，又遭到强力堵截，逃跑未成。战斗一直持续到黄昏，日军始由汉奸引路，抄飞蛾山边小路撤走。第五大队发现后展开追击，沿途毙伤日军 40 多人。日军败回樟木头后，士气极其低落，大队长加藤剖腹自杀。

梅塘战斗是东江纵队重创日军的一次胜仗，共毙伤日军近百人，再次粉碎敌人妄图歼灭东江纵队主力、确保广九铁路畅通的计划，打击了敌人的嚣张气焰，鼓舞了广大军民的抗日斗志，进一步激发了部队杀敌立功的热情，增强了群众对胜利的信心。

梅塘战斗后，5 月 14 日，独立第三中队又在黄洞打退了藤本大队和加藤大队共 500 余人的五路合击，杀出重围东撤。激战中，毙伤日军 10 余人，其中击毙日军军官 1 名。7 月 22 日，该队在向雁田进军途中，突然与日军藤本大队主力 400 余人遭遇。敌人率先占领了有利地形，以猛烈火力把该队压在一片开阔地里。另一路敌军则向老虎山迂回，企图形成合围。面对危急形势，“小鬼班”班长黄友立即指挥全班，抢占一条较高的堤围，抗击敌人的进攻，掩护中队主力撤出开阔地。敌人连续冲锋被打退了，小勇士傅天聪、尹林、赖志强、李明等相继牺牲。黄友也多处负伤，大腿被打断了。敌人又发起冲锋，黄友趴在地上阻击敌人。子弹打光后，他把文件扯碎连同驳壳枪塞在稻田里。面对冲上来的敌人，他用尽全身力气投出最后一颗手榴弹时，胸部被击中，壮烈牺牲。老虎山之战，共击毙日军 40 余人，独立第三中队牺牲 8 人、伤 10 余人。

东江纵队政治部为了表彰黄友班的英雄事迹，把独立第三中队的“小鬼班”命名为“黄友模范班”，追授黄友为“抗日英雄”。延安《解放日报》以《东江纵队五少年英雄以一当百光荣殉国》为标题，报道了东江纵队攻入平湖和黄友班的英雄事迹。

在东江纵队的不断打击下，日军打通广九线的企图未能实现，广九铁路始终不能正常通车。敌人多次惊呼：广州、香港之间的广九铁路地区为“治安之癌”。

东江纵队除了在广九线上不断打击敌人外，还抓住一切战机，向莞太、莞樟、宝太线的敌人出击，也取得了丰硕战果。

東江縱隊五少年英雄
以一當百光榮殉國

五個少年戰士，最大的不過十九歲。他們抗擊着百倍於他們的敵人，掩護主力轉移。他們英勇的完成了戰鬥任務，爲祖國解放光榮的戰死。

今年七月廿一日晚上，東江縱隊獨立中隊，在惡風雨中突襲廣九路的平湖車站，將偽警察大隊全部解決。在勝利歸途中，與增援的敵藤本大隊四百餘遭遇。我主力因爲還要完成另一個戰鬥任務，便命令素以英勇頑强作戰著稱，被人們親暱地呼爲「小鬼班」的五個少年戰士猛烈阻擊敵人，掩護主力轉移。該班班長黃友，副班長李奕禮和戰士傅天聰、尹開、賴志強五人，就與超過他們一百倍的敵人激烈戰鬥，終於遏止敵人，完成任務。這一個奇蹟似地勝利，立刻傳播在全軍和當地群衆中，大家都爲他們的英雄精神而感動。這個班已被命名爲「黃友班」，作爲永遠的紀念。

班長黃友，十七歲，東莞茶滘人，幼喪父母，家境貧寒。早年失學後就跟一個牛販做學徒。一九四二年九月，東江游擊縱隊發展到東莞，他就馬上參加了這支人民的軍隊。今年三月升爲班長，並且成了一個年輕而優秀的共產黨員。他有很多的英雄事蹟。當一九四二年國民黨軍隊千餘人大舉向我進攻時，在寶安鳳凰嶺上，黃友和兩個勇士抗拒住了一股比他們多得多的進攻敵人。一九四三年二月三日，夜襲惠陽丹頭莊時，黃友首先衝入偽軍營房。今年一月廿一日，日寇搶劫他的家鄉茶滘瀝蝦公潭，他自告奮勇要求一個人去打敵人，果然他用巧妙的方法把敵人逐出村外，解救了正被敵寇關在屋子裏用毒氣殺害的全村青年。在這次突擊平湖車站時，黃友率領全班戰士果敢衝鋒，返回時又爲前導，與敵遭遇，便又擔當了後衛部隊。黃友同志在老虎山下危急的關頭，沉着抵住敵人，他已負傷，但不稍後退。在他臨死前，將手槍與文件都深深埋藏在泥土裏，不使敵寇獲得。

副班長李奕禮，年紀比黃友大一兩歲，他和黃友是一個村裏的人，但他生長海外，四歲時歸國，一九四二年參加了獨立中隊。在今年五月間敵寇五路「掃蕩」東莞時，他表現了無比的英勇。他是一個善於完成戰鬥中的突擊任務的能手。在他英勇戰死前，已負過兩次傷。

和黃友一般大年紀的傅天聰，東莞茶滘人。這一個高小學生，在敵寇侵犯他的家鄉時，就加入「小鬼班」。他是一個聰明勇敢的少年戰士，在這次戰鬥中，臥身在一條小溝後，打退敵人幾次衝鋒。後來在他跳出反衝鋒時，頭部中彈陣亡。

尹開也只有十七歲，今年六月編入「小鬼班」，他很能幹，也能虛心向旁人學習，什麼事情都願意做，是一個很好的射擊手。他死前曾射殺了十幾個敵人。

沉靜寡言的賴志強，十九歲。他曾經被敵人抓去編爲偽聯防隊，但是他逃跑出來加入東江縱隊，在黃友幫助下成爲一個很好的戰士，也成爲這次殉國的五少年英雄中的一個。

《解放日报》的报道

东江纵队还打退了顽军的多次进攻。东江纵队宣告成立引起国民党方面的惊警。由于东江纵队领导机关、中共广东省临委和军政委员会领导机关及电台都驻在大鹏半岛地区，设在大鹏半岛的半天云、油草棚、西涌等地，因而顽军把进攻的重点指向大鹏半岛和坪山。1944 年 2 月 12 日，顽军 600 余人分两路向大鹏半岛进攻。护航大队节节抗敌，给顽军以很大杀伤，迫使顽军撤退。3 月 25 日，顽军再次向大鹏半岛发动大规模进攻。护航大队通过麻雀战、伏击战毙伤顽军 70 余人，打退了顽军的进攻。5 月 2 日，顽军又集中 500 余名兵力，发起了第三次进攻。顽军分东西两线推进，企图将东江纵队路东部分压缩到大鹏半岛一隅予以消灭。东江纵队在曾生、尹林平指挥下，采取机动灵活的战术，击退了顽军持续一个月的第三次进攻。

独立第二大队乘东江纵队成立的东风，也积极向日伪军出击。1944 年 2 月，该队渡过增江夜袭石滩圩，全歼伪警察所和伪联防队，俘获伪警察所所长、伪联防队队长以下 50 多人，缴获长、短枪 40 多支。3 月，该队突袭铁场伪警察第二中队，全歼该敌，俘获伪中队长以下 70 多人，缴获长、短枪 60 多支。经此一战，铁场一带为独立第二大队所控制，部队的活动地区伸展到东江河边的马嘶、龙叫、上南、下南等地区。同月，日军一个小队乘船由东江逆流而上向下南进犯。独立第二大队一个中队在江岸与敌激战一个多小时，毙伤敌军 10 多人，余敌据守江岸顽抗。随后，敌援兵从石龙开到，该队退守上南，击退敌人进攻，又毙伤敌军数人，前后共毙伤敌军 20 多人。

上下南战斗后不久，日军 200 多人从沙径向源头茹屋村进犯。独立第二大队短枪队和一个步兵班及茹屋村群众武装共 120 多人奋起抗击，激战一天，打退了日军的进攻。第二天，日军 200 多人从石龙前来增援，在猛烈炮火的掩护下，继续发动进攻。抗日军民毫不畏惧，顽强抗击敌人的进攻，多次打退敌军的冲锋。第三天，日军又调来伪军和山炮加强进攻。但在茹屋村军民的英勇抵抗下，敌人始终无法攻入村内。激战 3 天，抗日军民共毙伤日军 70 余人，内有大队长木下。因为战争激烈，该部伤亡较大，弹药亦消耗殆尽，当晚，部队决定突围，并组织村民安全撤出茹屋村。

独立第二大队还奉命向广州外围推进。7 月上旬，该队突袭广州郊区龙眼洞伪军一个连，击毙伪连长，俘敌 60 多人，缴获长、短枪 60 多支。这一仗影响很大，延安广播电台播发了龙眼洞战斗胜利的消息，《解放日报》也作了报道。接着，独立第二大队以短枪队组成两个武工小组，在广州郊区活动。一个组活动于萝岗、南岗一带，另一个组活动于联和、东圃、龙眼洞一带，后者更是深入广州近郊的沙河，散发传单，张贴《前进报》，并一度进入广州市区活动，直接威胁广州的日军。

在港九地区，1944 年，日军发动多次“扫荡”，妄图将港九大队主力一网打尽。港九大队为了粉碎敌人的“扫荡”，以西贡中队在内线坚持山地麻雀战，军民协同，巧妙与敌人周旋；长枪队转到宝安，短枪队进入九龙市区，展开外线作战，牵制敌人。2 月 13 日晚，短枪队副队长刘锦进带领 3 名队员化装成日军军官和士兵进入九龙市区，处决了日本九龙宪兵司令部的翻译，日军大为震动。5 月 14 日，短枪队又袭击日军控制的启德机场，炸毁了飞机场的一座油库和一架飞机。同时，市区中队也顺利地炸毁了 4 号铁桥，并在市区散发传单，加强政治攻势，宣告游击队将要攻打日军南支派遣军司令部。日军寝食不安，被迫把用于“扫荡”的部队撤回市区，加强守备。日军的“扫荡”就这样被粉碎了。

4 月间，日军 2000 多人纠合伪军 600 多人，并出动舰艇数十艘、飞机 4 架，由 1 名将级军官指挥，对港九大队大屿山中队进行大“扫荡”，扬言不打死也要饿死游击队。大屿山中队面对强大的敌人，毫不畏惧，决定通过全面隐蔽和分散活动，与敌周旋。指战员们在群众的支持下，分成若干个精干小组，隐蔽在深山密林和人迹罕至的山坑洞穴里，使敌人的“扫荡”落了空。

为牵制日军的行动，4 月 12 日，港九大队短枪队袭击了靠近九龙市区的牛池湾日军哨所，歼敌 6 人，缴获长、短枪 6 支；4 月 17 日，西贡中队袭击官坑庙日军驻地，歼敌 20 人，配合了大屿山中队的反“扫荡”斗争。

海上中队作战使用的木船

东江纵队还积极进行海上游击战。日军占领香港后，开辟了一条从广州至香港、经汕头到台湾的海上运输线，主要使用排水量数百吨的小型运输船、机帆船和风帆大木船，靠近海岸航行，大亚湾、大鹏湾外海和九龙半岛东部海域及大屿山、内伶仃附近海域是日军这条运输线的必经海道。东江纵队建立了两个海上中队，港九大队组建了一个海上中队和两个小队。从1942年开始，这些部队积极在海上打击敌人，破坏日军的运输线，同敌人争夺大鹏湾和大亚湾海域的控制权，保护海上运输和来往客商，积累了丰富的海上斗争经验，开创了独具特色的海上游击战，被誉为中国的“土海军”。

开展敌后游击战争的同时，东江纵队还积极巩固和发展抗日根据地，建立抗日民主政权。1944年1月31日，中共中央书记处发出了关于《东江游击区建立抗日民主政权问题》的指示，要求东江游击区按照“三三制”原则建立抗日民主政权。遵照指示精神，东江纵队政治部向全军发出普遍建立抗日民主政权的指示。

1943年7月，在东江根据地建立了路东新一区（大鹏区）民主政权。1944年7月1日，路西解放区正式成立东宝行政督导处（县级），下辖10个行政区，全区人口60余万。1945年4月，成立路东行政委员会（县级），下辖6个行政区和一个特别区，全区人口约58万。同月，惠东行政督导处（县级）正式成立，全区人口30多万。7月7日，博罗县民主政府正式宣告成立，人口共约14万。同月，北江东岸抗日动员委员会(县级)和海丰县民主政府相继成立。

为进一步加强政权建设，1945 年 3 月，东江纵队颁布了《建设东江抗日根据地的施政纲领》，对于巩固和发展抗日民主政权、巩固和扩大抗日根据地都起到了重要作用，也标志着东江抗日根据地建设发展到了一个新的阶段。

随着抗日民主政权的日益巩固和广大群众觉悟的不断提高，根据地的减租减息运动也逐步深入开展，满足了农民对土地的要求，充分调动了他们的生产积极性。为使减租减息运动顺利开展，1944 年 12 月，广东省临委书记尹林平和东江纵队政治部主任杨康华，联名发出《关于展开减租减息运动的指示》。1945 年 3 月 9 日，东江纵队正式颁布了东江地区《减租减息暂行条例》。4 月 29 日，又颁布《东江解放区土地租佃条例》与《退租退息实施条例》，对减租减息、交租交息、地权与佃权等政策作了明确的规定，推动了各区减租减息运动的有序深入开展，提高了广大农民群众的抗日积极性，增强了军政与民众的联系，也提高了抗日民主政权的威信，进一步巩固了抗日根据地。

第八章　盟军展合作　共抗法西斯

1941年6月22日，德国撕毁《苏德互不侵犯条约》，从北方、中央、南方三个方向以闪击战的方式对苏联发动突然袭击，苏德战争全面爆发。苏德战争和太平洋战争的爆发，使整个世界都卷入了规模空前的法西斯与反法西斯战争之中。

苏德战争爆发后的第二天，中共中央发出《关于反法西斯的国际统一战线》的指示，指出“目前共产党人在全世界的任务是动员各国人民组织国际统一战线，为着反对法西斯而斗争”；“在外交上，同英美及其他国家一切反对德意日法西斯统治者的人们联合起来，反对共同的敌人”。7月7日，中共中央再次声明，“拥护国际反法西斯阵线，促进中、苏、英、美及其一切反对法西斯的国家民族一致联合，反对德、意、日法西斯同盟”。“英美及太平洋各国抗日战争是正义的解放斗争，英美对日的胜利就是民主与自由的胜利”。中共中央指出,“应该在各种场合与英美人士作诚恳坦白的通力合作,以增加英美抗战力量,并改进中国抗战状况”。12 月 8 日,中共中央还指示周恩来、廖承志,要与英美等国建立广泛的、真诚的反法西斯统一战线。12 月 13 日,周恩来在《新华日报》发表《太平洋战争与世界战局》,全面论述了太平洋战争与世界战局之密不可分的关系。周恩来指出,希望全世界一切反法西斯力量联合起来共同消灭法西斯。南方局还专门派人到各省传达中共中央的指示及南方局关于建立反法西斯统一战线的具体部署。

遵照中共中央和南方局的指示精神,东江纵队在广东人民抗日游击队时期,就为营救在香港被日军俘虏的英军和国际友人作出了贡献。东江纵队成立时,向全世界庄严宣告:“我们坚决拥护反法西斯统一战线,并以无限忠诚与各盟邦及国际友人合作。”在随后的实际工作中,纵队坚决执行与盟军共同对日作战的义务,配合盟军的作战行动,取得了很大成绩,得到了各盟国的称赞,也为我党我军赢得了国际声誉。

1941 年 12 月 25 日,日军占领香港,将被俘英军囚禁于七姐妹、深水埗、亚皆老街集中营和启德机场;港英政府文员、英国侨民和其他国际友人被囚禁于赤柱集中营；印籍军警官兵则被囚禁于马头围集中营。广东人民抗日游击队在营救文化界知名人士和爱国民主人士的同时，也展开了营救英军人员和国际友人的行动。

日军占领香港初期，对被囚禁的战俘监管并不严密，因此，从1942年2月至4月，陆续有一批英国军警官员和士兵先后逃离了集中营。他们不少人在港九大队的帮助下脱离险境，到达东江抗日根据地，然后被转送到大后方。

1942年3月，港九大队了解到有一批英军士兵被囚禁在启德机场，随即派短枪队前去营救。短枪队员化装成小贩混入机场，联络好营救对象，勘察好地形，从下水道救出英军4人。后来，这个营救行动被日军察觉，日军加强了戒备，才被迫停止。

广东人民抗日游击总队为了营救被俘英军和国际友人，先后派熟悉英语并有合适社会关系的干部，在港九大队建立了国际工作小组，由黄作梅任组长。国际工作小组在香港岛和九龙市区设立了秘密联络点，通过各种渠道，利用各种关系，采取各种方式进行营救工作。如通过教会的牧师、神父，深入集中营去与战俘及港英官员秘密联系；通过被营救出来的人了解情况，或动员他们写密信去联络其他人，以扩大联络面；派出地下工作人员化装成小贩，与在集中营外劳动的战俘联系，帮助他们隐藏起来，伺机转移；派出短枪队员乘船到靠近海边的集中营去喊话，或用木板写上英文，随水流入集中营，帮助他们悄悄逃出；有时，还安排战俘伪装伤病，住进医院，然后帮助他们从医院逃走，等等。

营救工作使广东人民抗日游击总队在国际反法西斯斗争中的地位和作用开始受到盟国特别是英国的重视。1942 年 7 月，英国在桂林成立了英军服务团，由赖特上校指挥，在惠州设立了英军服务团前方办事处，由祁德尊少校任主任，派出何礼文上尉到广东人民抗日游击总队队部，要求港九大队协助调查和拍摄香港集中营的情况和进行营救战俘工作。经中共中央批准后，由国际工作小组协助他们展开工作，按照他们的要求建立了情报站，制订了营救计划，布置了秘密交通线。国际工作小组担负起最危险的任务，并协助英方人员落实如何在敌人严密控制下进行工作，提高斗争艺术。

东江纵队成立后，继续营救盟国友人，又救出英军官兵 17 人，对英方人员秘密过境也予以帮助。1946 年 7

月，英国外交部代表英国政府在下院作报告，提到“对东江纵队及其他团体协助盟军逃出香港的服务工作，表示钦佩”，并授予东江纵队国际小组负责人黄作梅一枚勋章，以表示对纵队营救工作的肯定。

据不完全统计，东江纵队及其前身先后共营救出 42 名英国人、54 名印度人、3 名丹麦人、2 名挪威人、1 名俄罗斯人、1 名菲律宾人。这些被营救出来的英军人员和国际友人，都对游击队表示由衷感激。

随着国际反法西斯统一战线的不断推进，东江纵队又开展了营救美军飞行员的斗争。1944 年 2 月 11 日，美军第十四航空队第三十二战斗机大队第三中队的克尔中

小贴士

第十四航空队：1943 年 3 月 5 日正式成立于昆明，陈纳德任司令。其前身是成立于 1941 年 8 月 1 日的美国志愿航空队(又称飞虎队)。美国志愿航空队解散后归并美国陆军，成为美国第十四航空队第二十三战斗大队，也称“美国驻华空军特遣队”。抗战时期，在中国军民的配合下，航空队在对日军的空战中发挥了很大作用。

东江纵队司令曾生与被营救的克尔中尉会面

尉在轰炸启德机场时，座机被击中起火，他本人也受了伤，跳伞降落在九龙山区。日军立即进行追捕。克尔被港九大队的一名小交通员和一位女民运干部及时救护，他们把克尔隐藏起来，随后又转移到沙田吊草岩的一个山洞里。日军出动了1000余人在沙田、西贡一带进行“扫荡”，企图搜捕克尔和消灭港九大队主力。港九大队展开了反“扫荡”作战，克尔在短枪队掩护下，避过日军持续半个月的搜捕，安全到达坪山地区东江纵队司令部。克尔伤愈后，被安全送回广西桂林美军第十四航空队基地。

克尔在致东江纵队的感谢信中说："我从 2 月 11 日到 3 月 9 日给你们勇敢的人安全地和舒适地在敌人中间藏匿起来，然后又给送到敌人管辖以外的地方去……我带着日益增长的惊奇来看你们这庞大组织的力量，机巧、认真、精明和勇敢。……中国抗战已赢得全世界的景仰，而我们美国人亦以能与你们如兄弟般一同作战而自傲，在战争里以及在和平的时候，我们永远是你们的同志。"

5 月 26 日，美国第十四航空队的 5 名飞行员勒夫哥中尉、拉忽累尔中尉、沙克上士、康利上士和艾利斯上士在驾驶 B-25 轰炸机袭击日本运输舰时，座机被击中，他们跳伞降落到大海里。东江纵队护航大队在大亚湾将他们救起，并安全转送他们回到桂林的基地。1945 年 1 月 16 日，东江纵队又营救了美国第十四航空队的飞行员伊根中尉和第三舰队的飞行员克利汉少尉。

东江纵队营救美国飞行员的事迹，深受美国第十四航空队陈纳德将军的赞许。克尔中尉被营救脱险的经过更是成为传奇故事，在盟国友人中，特别是在第十四航空队中广为传播，并被编入教育飞行员的材料。

东江纵队营救国际友人和盟军人员的英勇事迹以及它的战略地位，日益为盟军所认识和重视。1944 年 7 月，美

小贴士

陈纳德将军：克莱尔·李·陈纳德(Claire Lee Chennault,1893—1958)，美国得克萨斯州人。美国空军中将。1937年来华任航空委员会顾问，后组织美国志愿援华航空队——飞虎队(后改称为美国第十四航空队)，任指挥官。抗日战争期间，他率领的飞虎队在华与日军作战，为抗击法西斯侵略、维护世界和平与正义作出了不朽贡献。

国的《美亚杂志》发表了题为《东江纵队与盟国在太平洋的战略》一文。文章在评述东江纵队的情况之后，指出了敌后战场的重要性与援助在敌后作战的游击队的必要性，论述了东江纵队在太平洋反法西斯战争中的重要战略地位。文章分析指出：日军如果占领整个粤汉铁路，便能控制从北平到广州的陆上交通线，后果是极其严重的，不但将中国切为两段，在衡阳的盟军空军基地，也不得不加以破坏以免资敌。第十四航空队在桂林、零陵、湖南、江西及浙江中部的其他机场，也将受到威胁或感到难守。日本还将获得其必需的陆路，以补充其与东南亚交通不安全的海路，因而减轻其日益减少的商船后备的重荷，使盟国的作战计划遭受严重挫折。但是，国民党挡不住日军打通粤汉线的进攻，唯一办法就是加强与在华中、华南敌后作战的游击队建立密切的工作关系，以物质、技术及经济上的援助，加强其抵抗力量。文章强调东江纵队“对于盟军将来在华南沿海作战具有极大的重要性”，对东江纵队，盟军应立刻承认并给予各方面的援助，包括派遣联络官，予以技术上与军火方面的援助。

恰在此时，盟军攻占塞班岛、硫磺岛，但也付出了惨重代价。于是，美国考虑在中国东南沿海登陆，在中国大陆与日军决战。对此，毛泽东在延安同美国人谈话中表示“假如你们是为了打日本，要到解放区是可以去的，但要订一个条约”。

在这种情况下，在华美军司令部决定与东江纵队合作。1944 年 10 月初，美国第十四航空队派美国陆上技术资源委员会代表欧戴义到东江纵队司令部要求与东江纵队合作，建立联络站和电台，收集日军情报和气象资料等。对此，东江纵队于 10 月 9 日向中共中央请示应对方针。毛泽东等中央领导人研究后，由周恩来代表中共中央于 13 日复电说：“与欧博士谈话可表示欢迎合作。关于建立电台、搜集情报、侦察气象、训练爆破可以答应，如有其他要求,可先电延安请示。”

与此同时,根据中外记者团到延安,接着史迪威派美国军事观察组到敌后根据地,以及美国第十四航空队派人到华中地区侦察等情况,中共中央在发出的关于外交工作的指示中指出:我们外交工作的中心,应放在扩大我们的影响、争取国际合作上。在取得我们同意和遵守政府法令的条件下,盟国的军事人员及其武装力量可以进入我们地区,执行共同抗敌的一切工作,并取得我们协助。同时,我们欢迎盟国给我军以军火物资药品和技术上的援助。中共中央特别强调指出:为使我们的外交政策和活动不犯错误,首先必须站稳我们的民族立场,一方面加强民族自尊心、自信心,而不是排外,另一方面要学习人家的长处,并善于与人家合作,但绝不是惧外、媚外。遵照中共中央的指示,曾生会见了欧戴义,答应其要求,双方进行合作。10 月 17 日,尹林平向周恩来汇报曾生与欧戴义谈话的情况,并表示“今后一切进行,我们依照中央指示办理”。

东江纵队为了和美国派来的情报组合作,向盟军提供有关情报,专门派袁庚负责筹备成立了一个联络处。工作人员经过努力,付出不少牺牲和代价后,搜集到许多日军的重要情报资料,其中包括日军启德机场和南头西乡机场的图例及说明、广九铁路沿线日军工事图解、日军改进的洞穴或工事构造图、日军虎门海区巡逻舰艇情况的报告和舰队密码、日军第一二九师团南下全过程和作战部署方案等重要文件、日军神风攻击机的设计图以及日军在香港的机关、军火库、油库、船坞、战舰方位的详图及材料等等，都报请中共中央同意后向盟军提供。

东江纵队提供的情报，得到了盟军方面的赞誉，他们认为第十四航空队与东江纵队共同建立的情报站，是美军在中国南方“最重要的情报站”。陈纳德将军，第十四航空队曲江办事处、昆明办事处负责人都给东江纵队发来电报表示感谢。

1945年初，盟军计划在中国东南沿海登陆作战。东江纵队积极为盟军提供所需要的登陆情报，并协助在华美军司令部所派、甘兹上尉率领的工作组到大亚湾，在日军海防警戒部队的空隙中完成了测量工作，获得了他们所需要的资料，以备盟军登陆作战。东江纵队与盟军开展的合作为国际反法西斯斗争作出了贡献，同时赢得了很好的国际声誉。

第九章　计定土洋村　敌后大发展

1944年上半年，世界反法西斯战争在战略反攻中节节取胜，德日法西斯已面临最后覆灭的命运。在中国战场上，中国共产党领导的敌后战场，于1944年后开始进行局部反攻，各战场都取得了很大的战果。在华南敌后战场，琼崖纵队经过两年艰苦残酷的战争，粉碎了日军对抗日根据地的“蚕食”和“扫荡”，在内线和外线向敌人出击，扩大根据地和游击区。珠江三角洲抗日军民以中山五桂山抗日根据地为依托，积极开辟抗日游击区，使珠江三角洲抗日游击战争进入了一个新阶段。

在东江敌后战场，东江纵队广泛开展敌后抗日游击战争，在广九铁路两侧、东宝敌后、惠宝沿海、增龙博敌后、广州外围、港九敌后及大鹏湾、大亚湾海域，积极出击敌人，不断取得胜利，抗日根据地和游击区日益扩大。

6月22日，第十八集团军参谋长叶剑英在延安对中外记者参观团的谈话中指出，华南日军约有3个半师团、

2个独立旅团，合计4个半师团，约8万人。在华南敌后战场，抗战者为中国共产党领导的游击队，日军五十七师团在广九铁路沿线，中国共产党领导的游击队抗击其总兵力的70%。8月17日，延安《解放日报》以《东江纵队威震港粤》为标题，报道东江纵队1944年上半年的战绩：东江纵队半年来与敌伪作较大的战斗148次，粉碎日军千人以上的大“扫荡”5次，500人以上千人以下的“扫荡”10次，攻克敌伪据点10个，破坏公路377里、铁路70里、桥梁12座，毙日军440人、伪军560余人，俘伪军764人，伪军反正144人，缴获物资一批。东江纵队像一把钢刀插在华南敌后，威震港粤。

小贴士

第十八集团军：抗日战争爆发后，1937年8月，中共中央将中国工农红军主力改编为国民革命军第八路军，下辖第一一五师、第一二〇师、第一二九师。林彪、贺龙、刘伯承分任师长。9月，根据全国战区编制规划，国民政府军事委员会将八路军改称为国民革命军第十八集团军（习惯上仍称八路军）。朱德任总司令，彭德怀任副总司令，叶剑英任参谋长。

在抗日战争出现胜利曙光之际，7 月 5 日，中央军委给东江纵队发来电报，肯定了东江纵队的功绩，指明了下一步的工作方向，指出："自广州沦陷，迄今 6 年，你们全体指战员在华南沦陷区组织和发展了敌后抗战的人民军队和民主政权，至今已成为广东人民解放的旗帜，使我党在华南政治影响和作用日益提高，并成为敌后三大战场之一。"电文还着重指出："拯救华南人民的责任，不能希望国民党，而要依靠我党及华南广大人民。因此，你们在华南的作用与责任将日益增大。""为着迎接新的伟大任务，首先必须在思想上有充分准备。为此，必须更亲密团结自己的队伍，加紧整风，打通干部思想，坚持统战政策，加强与根据地人民的血肉联系，坚持原阵地，并力求继续发展，扩大武装队伍，建立广大的坚固的根据地。"7 月 25 日，中共中央又向广东省临委和东江军政委员会就开展敌后游击战争、发展现有武装、扩大敌后抗日根据地作了更加具体的指示。

1944 年 8 月，广东省临委和东江军政委员会，在大鹏半岛的土洋村召开联席会议(简称土洋会议)。会议深入讨论了中共中央的指示和战略部署，分析了目前华南地区的抗日形势，并一致通过《关于今后工作的决定》，部署了全省下一步的工作：包括在全省开展敌后游击战争，建

土洋会议旧址

立抗日根据地与发展新的游击区，扩大部队；加强部队的思想建设和军事教育，提高作战能力与指挥能力；巩固抗日民主政权，加强统战工作、财政经济工作，开展城市工作等。

土洋会议对加强广东党组织的建设和军队建设，全面发展广东的敌后抗日斗争，具有重大战略意义。它是广东人民抗日武装发展的里程碑，为广东人民抗日武装的全面发展指明了方向。

根据土洋会议的决定和省临委及军政委员会的指

示，东江纵队担负起北进和东进的战略任务。东江纵队在巩固和发展惠东宝抗日根据地的基础上，首先集中主力向北挺进，创建东江、北江间的抗日根据地。同时，积极组织力量向东发展，创建东江、韩江间的抗日根据地，全面开展东江敌后抗日游击战争。

1944 年 9 月，东江纵队对部队进行了整编，建立支队一级的建制。第一批建立了第一、第二、第三支队，以适应武装斗争发展的形势。东江纵队各部队在广九线上、路东和路西，在广九敌后和广州外围，广泛开展抗日游击战争，取得了很大的胜利。在东莞，东江纵队第一支队在抗日自卫队配合下，共进行较大的战斗 10 次，毙伤敌伪团长以下 200 余人，俘伪军中尉以下官兵 40 余人，粉碎了敌人“扫荡”。在宝安，第三支队在第一支队宝安大队的配合下，进行了多次战斗，予敌人以沉重打击。在惠宝边地区，东江纵队调集第二支队、第三支队部分兵力击败进犯的日军 400 多人，毙伤日军 10 多人。随后，又经过 5 天的连续作战，粉碎了顽军的多次进攻。

10 月上旬，东江纵队北上抗日先遣队途经增城地区时，决定会同在这里活动的东江纵队独立第二大队攻打新塘火车站，消灭伪军，摧毁日军物资供应站，以巩固和扩大增(城)博(罗)游击区。新塘火车站位于广州以东 30

里，是广州日军的物资供应站，储藏着大批军用物资。日军部署伪军 1 个连驻守此地，并派阿南中佐坐镇指挥，又在新塘北面不远的永和圩和东南面的仙村设立据点，可随时支援新塘伪军作战。日军曾吹嘘新塘火车站是一座“坚固的堡垒”。

11 月 2 日夜，独立第二大队副大队长郑伟灵带人化装成伪警署官员进入新塘火车站，侦察敌情，选好了部队通过车站铁丝网的突破口，以及阻击新塘镇日伪军增援火车站的设伏点。根据侦察情况，部队决定采取夜间远途奔袭、出敌不意、速战速决的打法。以郑伟灵、杨步尧大队配属独二大队周应芬手枪队为主攻，突击火车站；吴晃中队负责消灭伪军，周应芬队负责活捉阿南中佐；独二大队陆仲亨中队配属 1 个爆破班，在新塘镇至火车站之间埋设地雷阻击援军；宋刚独立小队为预备队。部队从增城县油麻山后迳村出发，快速奔走 40 多里路，从火车站两侧秘密接敌。郑伟灵下令剪断铁丝网拉开突破口，吴晃和周应芬带突击队迅速通过铁路，分别向日伪军驻地冲去。这时，伪军碉堡内的哨兵才发觉并连打两枪。两名战士飞速冲进碉堡内生俘了哨兵，两支突击队随即冲进伪军驻地。周应芬带领队员曹敏、黄永福、颜财等人冲进阿南的办公室。阿南身穿军装正要拔出指挥刀来拼命，周应芬立刻用驳壳枪指着阿南令他投降，曹敏箭步上前夺下阿南的指挥刀，不可一世的阿南俯首就擒。与此同时，吴晃和叶振良、黄彪、冯浩等带队冲入伪军营房，一枪未发将正在睡觉的伪军副连长以下30余人全部俘虏，缴获长、短枪30余支。正当此刻，山坡上的伪军哨所凭借工事用机枪向突击队猛烈开火，部队以更猛烈的火力还击，毙伤其10余人。为了避免被新塘镇及永和圩的增援之敌南北夹攻，部队焚烧了日军仓库物资和伪军营房后，迅速撤离战场。政工人员向被俘伪军作简短教育后全部就地释放，只将阿南及一名翻译带走。

这次战斗全程仅用了半个小时，达到了消灭伪军、摧毁日军仓库、活捉阿南的预期目的。然而敌人并未罢休。次日上午，新塘日伪军出动七八百人，对黄旗山区发动报复性“扫荡”。部队迅速向油麻山东侧的禾朗、均和圩地区转移，并派出一个班在黄旗山下的石迳和禾浪村之间的山地阻击敌人。班长黄生带领8名战士与敌展开激战，顽强抗击敌人多次冲锋，完成了掩护部队撤退的任务，全班在敌人猛烈的炮火下全部壮烈牺牲。

北上先遣队夜袭新塘火车站，歼灭伪军一个连、活捉阿南中佐，这是东江纵队在敌后战场俘获的第一名日军中高级军官。数天后，永和圩日军据点被迫撤回新塘。

12月2日，东江纵队成立一周年，东江各敌后抗日根据地热烈举行庆祝大会，掀起参军、拥军热潮。《前进报》发表了东江纵队成立一年来的战绩统计：进行大小战斗375次，击毙敌伪1514人，俘虏敌伪1276人，敌伪反正投诚246人，缴获轻、重机枪33挺，长、短枪1645支，其他军用物资无算。破坏公路210里、桥梁46座、碉堡25座，收复青溪、观澜、霄边等23个据点，扩大了敌后抗日根据地。

1945年1月，在八路军、新四军对日军发动春季攻势的大好形势下，东江纵队更加积极主动地打击敌人，进行了一系列的战斗，粉碎了敌人的“扫荡”，在保卫和巩固惠东宝抗日根据地的同时，配合与支援了北进和东进的战略行动。

东江纵队还挺进东莞水乡，开展水乡地区的抗日游击战争。在广大群众支持下，东江纵队第一支队重创伪军，拔除了伪军在水乡的重要据点，逐渐打开了局面，在东莞水乡开创了抗日游击基地。随后，东江纵队又决定开辟新区，第二支队主力挺进东江河南岸地区，为大部队挺进江北创造条件。在第三支队第三大队的配合下，经过反复战斗，消灭了此地的日军，打退了敌人的多次反扑，掌握了东江河南岸地区的控制权，逐步建立起群众组织和乡村抗日民主政权。

东江纵队各支队也有很大发展，到1945年6月，第一支队发展到2000人以上；第二支队则有8个大队，共2000余人。惠东宝抗日根据地军民广泛开展的一系列战斗，进一步巩固和发展了东莞、宝安和惠宝边抗日根据地，壮大了部队，有力地支援了北进和东进的战略任务。

1944年12月，东江纵队组建第四支队、第五支队、北江支队和西北支队以执行北进的战略任务。1945年2月10日，广东省临委鉴于广东面临全面沦陷的严重形势，为打开新的局面，决定北上和西进部队挺进清远、四会、广宁，打好基础后，再向连阳、湘桂边推进；以中区为基础，向沿海阳江、阳春发展，打通南路，然后向粤桂边推进；以罗浮山为基础，开辟增城、龙门、博罗根据地，进一步建立南昆山根据地；北上佛冈、英德、翁源的部队，打好基础后，向曲江、南雄及湘赣边推进；以惠阳为中心，向惠来、揭阳方向推进，开展潮汕、闽粤边的游击战争；在南（海）、番（禺）、中（山）、顺（德）、三（水）、东（莞）、宝（安）的基础上，构成包围广州的形势。3月6日，中共中央复电，完全同意这一工作部署，要求华南抗日武装斗争应由北江入手，以湘粤桂为主要发展方向，贯彻向北发展的战略方针，以便于形成更大的根据地，进行持久斗争。

为适应向北发展的战略要求，2 月初，王作尧、杨康华率领第三支队第三大队，在独立第三大队的接应下，北渡东江，进抵罗浮山以南一带，积极进行开辟罗浮山抗日根据地的斗争。3 月，第三支队渡过东江，开进博罗，会同第四支队、第五支队和独立第三大队、独立第六大队及博西独立大队，扩展以罗浮山为中心的抗日根据地。在罗浮山地区经过几个月的一系列战斗，横扫日伪顽军，控制了博罗县除县城外的广大地区，打开了博罗的局面，东江两岸的抗日根据地连成一片。在胜利声中，广东省临委领导机关和东江纵队司令部、政治部等先后进入罗浮山抗日根据地。从此，一直到日本投降，这里成为华南敌后抗日游击战争的指挥中心。

1945 年 2 月，为贯彻向北挺进的战略方针，邬强、李东明率领北江支队，蔡国梁、邓楚白率领西北支队向北江挺近，发展粤赣湘边和粤桂湘边的抗日游击战争。

北江支队在挺进北江半年多的时间里，在与日军、顽军连续作战的过程中，不断发展和壮大，成立了独立第一大队、野火大队、沙口大队、曲南大队等，人数达到 1000 多人，成为创建北江东岸抗日根据地的基本力量。北江支队还积极在粤汉铁路南段一线展开破袭战，粉碎日军数次“扫荡”和顽军进攻，建立了第一批抗日民主政权，在北江东岸站稳了脚跟。7 月 12 日，成立了县一级的抗日民主政权——北江东岸抗日动员委员会，人口 20 余万，北江东岸抗日根据地正式建立。与此同时，西北支队西渡北江后，向日伪顽军展开了攻势，经过 5 个多月的紧张战斗和深入的群众工作，在北江西岸开辟了以文洞为中心的抗日游击基地。中共始兴县委领导的始兴县人民抗日自卫队风度大队也在上、下北山地区开辟了抗日游击基地。

在向北挺进的同时，东江纵队还积极组织力量向东拓展。东江纵队派独立第四大队两个中队组成东进先遣队挺进海（丰）陆（丰）惠（阳）边，开展敌后抗日游击战争。东进先遣队在中共地方党组织领导的群众抗日武装配合下，多次击退进犯的日军，先遣队很快发展到 400 多人。1945 年 2 月，东江纵队组建第六支队，主要任务是创建海陆丰抗日根据地，巩固以后向韩江推进，打通与韩江纵队的联系。经过一系列战斗，建立了海丰县抗日民主政府，部队发展到 1000 多人，海陆丰抗日根据地初具规模。同时，在惠东成立第七支队，以巩固惠东、稔平半岛，创建惠东抗日根据地。第七支队成立后积极打击日伪军，迅速发展到 7 个大队 1000 多人，至 1945 年 5 月，建立了县一级抗日民主政权——惠东行政督导处，建成了惠东抗日根据地。

在创建惠东抗日根据地和海陆丰抗日根据地的同时，东江上游抗日游击基地的开辟工作也有条不紊地进行。在后东特委领导下，东江上游的紫金、五华、河源、龙川等县积极组建人民抗日武装部队或秘密武装小组，开展抗日斗争，多次打退日伪军的进犯，东江上游的"紫五龙河边"和新丰等地的人民抗日武装和抗日游击基地迅速建立起来。

为彻底打败日本侵略者，增强华南的抗日力量，创建新的根据地，1944 年 10 月，中共中央决定以王震为司令员、王首道为政治委员的八路军第一二〇师三五九旅主力 4000 多人，组成南下支队，开辟五岭抗日根据地，让华南成为战略一翼，使华北、华中和华南三大敌后抗日战场南北呼应，彻底打败日本侵略者。王震、王首道率领南下支队日夜兼程，冲破日伪军和顽军的重重阻拦，一路南下，目标直指五岭。

为使华南抗日纵队配合南下支队实现开辟五岭抗日根据地的战略任务，1945 年 6 月 16 日，中共中央向广东省临委发出《中共中央关于华南战略方针和广东区党委工作的指示》，要求广东利用目前有利条件，迅速向北江地区发展，以便和王震部胜利会师，以湘、粤、赣边区为中心，迅速建立华南战略根据地，这样可东联闽、粤、赣，西联湘、粤、桂。7 月 15 日，中共中央军委进一步指示，今后发展的主要方向是，向粤北、赣南、湘南的五岭山区，建立湘粤赣桂边（以五岭为中心）抗日根据地，迎接八路军南下部队，合力创造华南新阵地，配合华北、华中我军，进行对日反攻作战，并于日本侵略者被消灭后，对付国民党必然发动的内战。指示强调“要以极大注意力执行北上任务，派往北面的兵力愈多愈好，并必须有强的党、政、军领导人前去”。中共中央的战略决策，为广东人民抗日武装斗争的进一步发展指明了前进方向。

东江纵队司令部旧址

为贯彻中央决议和适应新斗争的需要，7 月 6 日至 22 日，广东省临委在罗浮山召开扩大干部会议，传达贯彻中共中央指示精神，深入学习与研究贯彻党的七大决议，总结广东抗战以来的经验教训，建立广东党的统一领导机构。会议指明了当前的四项总任务，决定成立中共广东区党委。东江纵队司令部负责研究与指导全省的军事工作，政治部负责研究与指导全省军队的政治工作。成立与健全各地党的领导机构。决定派出主力迅速北进，准备协同南下支队开辟五岭抗日根据地。罗浮山会议的召开为广东抗战胜利奠定了基础。

根据罗浮山会议决定，东江纵队制订了详细的北上计划，决定分三批北上，挺进粤北。在接到中央军委“要用极大的速度向粤北发展”，“于半月至一个月内到达湘粤边宜章、乐昌地区，准备与二王会合，开创湘粤边根据地”的指示后，东江纵队即电令西北支队北渡小北江，迅速向始兴、南雄推进，与南下支队会师。但因顽军阻击，未能迅速实现这一目标。8 月 11 日，中央军委再次指示：要以最大主力用极大速度向粤北发展，以便与两周后可能到达湘粤边界之王震部队取得联系，创建华南制止内战的主要根据地。8 月 16 日，由林锵云、王作尧、杨康华率领东江纵队第五支队等 1200 余人，从博罗横河出发，挺进粤北，并组成了东江纵队挺进粤北前进指挥部。

北上部队突破了顽军重重封锁，顺利到达粤北的始兴。当王震率领的南下支队于 8 月 28 日到达南雄百顺地区的电报传来，指挥部决定立即北上与南下支队会师。但由于此时日本已宣告投降，国民党 5 个军的兵力向南下支队合围。为摆脱被动局面，南下支队决定向北转移，向新四军靠拢。

得知南下支队奉命北返的消息后，北上部队决定留在粤北山区坚持斗争。虽然中共中央关于建立五岭抗日根据地的决策未能实现，但西北支队、独立第三大队、独立第一大队和北江支队等北上部队坚决按照中共中央的路线指示，执行广东区党委的决定，打退了顽军的多次进攻，逐步在粤赣湘边站稳了脚跟。

第十章　抗战得胜利　东纵迎北撤

1945 年 5 月 2 日，苏联红军攻克柏林，德国法西斯宣告灭亡。盟军发起了太平洋战场上的最后攻势，日军在太平洋上的最后防线土崩瓦解，盟军具备了攻击日本本土的条件。7 月 26 日，中、美、英三国联合发表《波茨坦公告》，敦促日本无条件投降。

在中国战场上，中国共产党领导的抗日军队已发展到 100 万人，民兵 220 余万人，并建立起约 100 万平方公里的 19 块抗日根据地。在华南战场，东江纵队在战斗中发展到 11000 余人，民兵近 2 万人，日军占领区的东莞、宝安、惠阳、博罗、增城、英德、清远、海丰、曲江、始兴等县城和九龙市区及石龙、樟木头、虎门、深圳、沙头角、平湖、大埔、元朗等圩镇，广九铁路、粤汉铁路南段、潮汕公路西段和广州经东莞至深圳的公路线，完全处于东江纵队的包围之中。

小贴士

《波茨坦公告》：全称《中美英三国促令日本投降之波茨坦公告》，也叫作《波茨坦宣言》。波茨坦会议期间，中国、美国和英国于1945年7月26日发表，苏联于同年8月8日加入。主要内容有：宣布盟国对日作战，直至其停止抵抗为止；日本政府应立即宣布无条件投降等。公告是在法西斯德国已经投降，日军在亚洲和太平洋战场屡遭失败，行将彻底崩溃的背景下产生的。公告的发表使日本统治集团十分恐慌。8月15日，日本天皇裕仁发表接受《波茨坦公告》的停战诏书，宣布无条件投降。

8月8日，苏联对日宣战，由西、北、东三个方向进军中国东北，向日本关东军发动大规模进攻。8月6日和9日，美国在日本广岛和长崎各投下了一颗原子弹，加速了日本的投降。

8月10日，日本政府向同盟国发出乞降照会。而日军大本营仍命令各地日军继续坚持作战。同日，中共中央指示，要求各中央局、中央分局、区党委，应动员一切力量向日伪发动广泛的进攻，以正规部队占领大城市及交通要道，以游击队、民兵占领小城市。朱德向各解放区所有部队发布第一号命令，命令各解放区的抗日武装部队依据《波茨坦公告》，向日军及其指挥机关、伪军、伪政权发出通牒，限期投降并缴出全部武器，如有敌伪拒绝投降，即应予以坚决消灭。

8月11日，朱德又连续发出6道命令。其中命令粤汉路、广九路、潮汕公路两侧之中国解放区抗日军队应积极进攻，迫使日伪军无条件投降，击破前进道路上一切障碍，如遇抵抗，坚决消灭之。同日，中共中央在《关于日本投降后我党任务的决定》中指出："苏联参战后，日本已宣布投降。国民党积极准备向我解放区收复失地夺取抗日战争的胜利果实。这一争夺战，将是猛烈的。""目前阶段，应集中主要力量，迫使敌伪向我投降，不投降者，按具体情况发动进攻，逐一消灭之，猛力扩大解放区，占领一切可能占领的大小城市与交通要道，夺取武器与资源，并放手武装基本群众，不应稍有犹疑。为此目的，各地应将我军大部迅速集中，脱离分散游击状态。"

根据朱德的命令，8月11日，曾生、尹林平、王作尧、杨康华向东江纵队各部发布紧急命令，命令各部应坚决执行朱德总司令的命令，立即动员全体军民，开向敌人据点，解除日伪武装，对拒降之敌发动猛烈进攻。同时，要维持治安，镇压土匪特务的破坏活动，保护人民生命财产，千金一刻，不得稍有疏忽。

8月15日，日本宣告无条件投降。当天，朱德在给南京日军最高指挥官冈村宁次的命令中指出："你应下令你所指挥的一切部队，停止一切军事行动，听候中国解放区八路军、新四军及华南抗日纵队的命令，向我方投降。""在广东的日军由你指定广东的代表至华南抗日纵队东莞地区，接受曾生将军的命令。"

中共广东区党委发出紧急指示：命令华南各抗日纵队，坚决执行朱总司令的命令，集中主力，动员民兵，向日军进行全面进攻，切断交通，包围敌占据点，解除日伪军武装，收缴其物资。同时指出，要广泛进行政治攻势，政治攻势与军事行动密切结合。对蒋介石绝对不应有任何幻想，必须在人民群众中揭破其欺骗阴谋，对蒋介石发动内战的危险，应有必要的精神准备。8月19日，中共广东区党委召开会议，对受降和收缴日伪军武器以及反内战的工作作出具体部署。由于国民党军队已开始向北江和江北解放区进攻，东江纵队决定以惠东宝和港九地区为受降及收缴日伪军武器的主要地区，到东莞青溪地区部署江南地区部队向日伪进攻和主持受降及收缴日伪军武器的工作。

东江纵队各支队、大队立即进行紧急动员，集结主力，全线出击，向东江两岸、广九铁路、广汕公路两侧和沿海的敌伪据点推进，逼迫日伪军投降，歼灭拒不投降的敌人。同时发表《欢迎伪军反正，既往一概不咎》的文告，指出一切伪军只有立即向我部反正才是光明的出路，如果再执迷不悟，仍然以人民为敌，就坚决消灭，决不宽待。并以司令员曾生的名义，向日本驻军发出通牒，限令解除武装，向我投降。同时，还组织反战同盟的日本友人，对日军进行劝降活动，并把通牒翻译成日文，向日军散发和广播。

第一支队在抗日自卫队、常备队和民兵的配合下，向莞太公路、莞樟公路、宝太公路、宝深公路沿线的日伪据点发起进攻，解放了莞太线沿线（除东莞城和太平、虎门外）的所有敌占据点，为解放全东宝地区创造了有利条件。在宝太线上，第一支队宝安大队在宝安各区抗日自卫队、民兵的配合下，包围了敌人残存的据点，迫使日伪军全部投降，宝安县城南头和西乡、固戌宣告解放。与此同时，第一支队东莞部队收复了宝太线上的重要据点北栅。至此，宝太线上的敌占据点被全部收复。

在广九线和路东，第一支队于 8 月 20 日同时收复重镇深圳和常平，伪宝安县县长和县警全部投降。8 月 23 日，第二支队收复沙头角。至此，广九铁路中段和路东除石龙、樟木头、淡水外，全部获得解放，路东和路西连成一片。在惠东，第七支队向日伪军展开政治攻势，胜利解放稔平半岛，全歼守军，缴获轻机枪数挺。在海陆丰，第六支队相继解放了除海丰县城、汕尾等几个据点外的海丰县大部分地区。在港九地区，港九大队大屿山中队于 8 月 18 日和 19 日分别攻击了梅窝和东涌拒降的日伪军，解放了大屿山全岛。25 日进驻长洲岛，接受日伪军投降。大埔日军宪兵队长带头携械向沙头角中队投降。西贡中队攻击西贡圩拒降日军，日军逃回九龙市区，西贡解放。元朗中队用政治攻势迫使驻洪水桥日军警备队投降。

据不完全统计，东江纵队在向日伪军进攻中，共歼伪军 2 个营、3 个连和 1 个排，日军 1 个小队；共迫降伪军 1 个营、7 个连，日军 171 人，收缴武器装备一大批；解放了宝安、始兴县城和深圳、沙头角、西乡、松岗、霄边、厚街、大朗、寮步、平湖、塘厦、横沥、龙岗、白花、稔山、平海等重要市镇及惠东宝、港九和海丰的广大农村；切断了广九铁路和广深公路、潮汕公路等交通要道，使路东、路西、惠东、海丰等根据地连成一片。1946 年 2 月 13 日，刊登在延安《解放日报》上的《华南抗日游击队的功绩》一文高度肯定了东江纵队的功绩：日本投降后，东江纵队全力向敌伪出击，迫使敌伪投降，先后攻克宝安县城及无数大小村镇，解放了成千上万同胞。

抗日战争中，东江纵队和兄弟纵队一起，在中国共产党领导下，坚持在华南敌后进行了艰苦卓绝的斗争，直到抗日战争取得最后胜利。部队从无到有，从小到大，发展成为拥有一万一千多人的坚强的人民抗日武装。先后建立了东莞大岭山、宝安阳台山、惠宝边坪山、江北罗浮山、北江东岸、惠东、海陆丰抗日根据地和港九、东江上游、清(远)英(德)边、始兴等抗日游击基地。解放区的总面积 6 万余平方公里，人口约 450 万，成立了 6 个县级抗日民主政权。据不完全统计，抗日战争中，东江纵队对日伪军作战 1400 余次，毙伤日伪军 6000 余人，俘虏、投诚的敌军 3500 余人，缴获各种枪械 6500 余支、炮 25 门。2500 余名东江纵队指战员为国捐躯，烈士们的鲜血染红了东江、北江、粤东和港九的广大国土。

抗日战争胜利后，国民党开始加紧抢夺抗战胜利果实，积极准备内战。国民党广州行营妄图 3 个月内一举消灭东江纵队在内的华南抗日纵队，广东内战愈演愈烈。

面对危险情况，遵照中共中央的指示和广东区党委的决定，东江纵队进行了整编和调整部署，避开国民党优势兵力的锋芒，化整为零，突破敌人的包围圈，使国民党妄图3个月聚歼东江纵队的计划彻底破产。

1945年10月10日，国共双方经过43天激烈的谈判斗争，签署了《双十协定》，国民党当局承认了和平团结的方针。同时，为最大可能争取和平，中国共产党同意让出广东、浙江、苏南、皖南、皖中、湖南、湖北、河南（豫北不在内）等8个解放区，并将上述地区的军队逐步撤退到陇海路以北及苏北、皖北的解放区。

小贴士

《双十协定》：即《国共双方代表会谈纪要》。抗日战争胜利后，以毛泽东为首的中国共产党代表团与国民党政府代表在重庆举行谈判，经过43天的谈判，于1945年10月10日达成会谈纪要，共12条。主要内容有国民党承认和平建国的基本方针，同意召开政治协商会议等。

但国民党广东当局公然破坏停战协定，一口咬定说广东只有“土匪”，没有什么东江纵队，停战在广东没有实际意义，并发动对东江纵队的军事进攻，妄图在第八执行小组到达广州之前，消灭东江纵队。

面对国民党的军事进攻，东江纵队采取积极主动的方针，运用灵活的游击战术，坚决击退国民党的军事进攻。广东区党委对于国民党广东当局背信弃义、违抗停战令、挑动内战的罪恶行为，提出严重抗议。2 月 19 日，香港《华商报》公开发表了广东区党委发言人的重要谈话，还以大量篇幅发表东江纵队营救国际友人和与盟军合作的有关材料，论证东江纵队在太平洋战争中的战略地位和作用，驳斥对东江纵队的诬蔑。

小贴士

《**华商报**》：1941 年 4 月 8 日在香港创刊，后因太平洋战争爆发而停刊。日本投降后，《华商报》于 1946 年 1 月 4 日在香港复刊。《华商报》是中国共产党领导的爱国统一战线报纸，配合国内外的政治、军事形势，同国内外反动派作针锋相对的斗争。1949 年 10 月 15 日终刊。

在各界的舆论压力和中国共产党的据理力争下，经过激烈谈判，终于迫使国民党广东当局就东江停战和东江纵队北撤问题达成了一致意见。6 月 28 日，经过一系列激烈斗争，东江纵队冲破了国民党的重重障碍，安全集中于大鹏半岛，准备登船北撤。

以曾生为书记的北撤部队军政委员会一方面加强对大鹏半岛外围地区的戒备工作，严防敌人的突然袭击；另一方面，巩固内部秩序，严密控制和监视奸细的破坏。对复员人员作出周密的布置，以确保他们的生命安全。做好细致耐心的说服教育工作，使他们顾全大局，安心留下复员。同时，有计划地安排一部分武装力量留下从事隐蔽斗争。

东江纵队北撤抵达烟台

1946年6月30日，北撤人员共2583人分乘美国三艘登陆舰起航北撤山东。7月5日，北撤部队安全抵达烟台解放区时，受到当地党政军领导和群众上万人的热烈欢迎，中共华东局和华东军区慰问团也到驻地进行慰问。随后，曾生在烟台举行记者招待会，畅谈东江纵队的发展过程以及抗战八年来的英勇战绩。

在后来的解放战争中，北撤山东的东江纵队组建为两广纵队，参加了此后的济南战役、淮海战役等重要战役，并随南下大军挥戈南下，参与了解放广东的一系列战斗。留在广东坚持斗争的部队，在艰苦复杂的斗争环境中，依靠群众，艰苦奋斗，战胜重重困难，后发展壮大为粤赣湘边纵队，为配合南下大军解放广东作出了贡献。

大事记

1937 年

7 月 7 日，日本制造卢沟桥事变，发动全面侵华战争。

7 月 8 日，中共中央向全国发出通电，呼吁全中国人民、政府和军队团结起来，筑成民族统一战线的坚固长城，抵抗日本的侵略。

1938 年

10 月 12 日，日军分三路在广东惠阳大亚湾登陆，开始全面侵犯广东。

10 月 15 日，中共东莞县中心县委直接领导的东莞抗日模范壮丁队在莞城成立，王作尧任队长，袁鉴文任政治指导员，全队 150 人。

10 月 21 日，广州沦陷。

10 月下旬，东莞模范壮丁队等在东莞榴花塔一带阻击日军月余。

12 月 2 日，惠宝人民抗日游击总队在惠阳成立，曾生任总队长。

12 月下旬，东宝惠边人民抗日游击大队成立，王作尧任大队长。

1939 年

4 月，王作尧部队取得“第四战区第四游击纵队直辖第二游击大队”（简称“第二大队”）的番号，王作尧任大队长。

5 月，曾生部队取得“第四战区第三游击纵队新编游击大队”（简称“新编大队”）的番号，曾生任大队长。

9 月 15 日，新编大队在抗日自卫队的配合下，在马峦头、溪涌一带伏击日军。

11 月，第二大队挺进南头外围袭扰日军，日军被迫于 30 日晚撤出南头，宝安县城南头被收复。

12 月 1 日，新编大队在横岗以北的鸡心石伏击日军，毙伤敌军 30 余人。

1940 年

3 月 1 日，东江军委和曾、王两部领导人召开紧急会议，决定曾、王两部东移海陆丰。

5 月 8 日，中共中央书记处电报指示，“曾、王两部仍应回东宝惠地区，大胆坚持敌后抗日游击战，同时不怕打摩擦仗”。

9月中旬，上下坪会议召开，决定部队番号改为广东人民抗日游击队，部队整编为第三大队和第五大队。

11月初，日军200多人，奔袭驻汪潭村的第三大队，第三大队与敌激战4小时，杀伤日军30多人。

1941年

6月11日，第三大队和各乡抗日自卫队痛击进犯大岭山百花洞村的日军长濑大队，毙伤日军五六十人，缴获长、短枪10余支。大队长长濑被击毙。

10月5日，第五大队第二中队在黄田坳截击日军，毙伤日军20余人。

10月6日，日军400余人分三路向龙华进犯，第五大队及抗日自卫队与敌激战竟日，毙伤敌军30余人。

12月8日，日军越过深圳河，向香港九龙发起进攻。

12月9日，八路军驻香港办事处主任廖承志接到周恩来急电指示，要求将滞留香港的大批文化界人士和爱国民主人士营救出来。

同日，周伯明、曾鸿文等率部尾随日军插入新界的元朗、大埔地区展开抗日活动。

12月上旬，第五大队重机枪中队在乌石岩至龙华、布吉公路上袭击日军，毙伤日军30余人。

12月，广东人民抗日游击队组建第一支海上部队——护航队。

1942 年

1月9日，茅盾、邹韬奋等一批文化界知名人士撤离香港。在广东人民抗日游击队护送下安全到达宝安阳台山抗日根据地的白石龙村。

1月下旬，张文彬主持召开白石龙会议，决定成立广东人民抗日游击总队。

2月3日，港九大队成立，蔡国梁任大队长。

5月14日，惠阳大队在铜锣径痛击前来抢掠的日军，毙15人，伤20多人。

1943 年

1月，中国共产党广东省临时委员会（简称广东省临委）成立。

2月18日，惠阳大队1个小队在坳下村同来犯的300多名日军展开一场血战，毙伤敌军20多人。

2月下旬，广东省临委和东江军政委员会召开乌蛟腾会议，强调要以积极行动和国民党顽固派展开针锋相对的斗争。

7月中旬，广东人民抗日游击总队成立护航大队，刘培任大队长。

8月，港九大队短枪队副队长刘黑仔率领5名队员，在九龙新界生擒日军高级特务东条正之等3人。

10月20日，第三大队伏击从石龙乘车去东莞的大汉奸陈璧君（汪精卫之妻）等人。

11月18日，王作尧率领珠江队、第三大队和抗日自卫队成功打破日军上万兵力对东莞大岭山区的“铁壁合围”。

12月2日，广东人民抗日游击队东江纵队正式成立，辖7个大队，共3000余人。

12月5日，宝安大队在黄田伏击向黄麻布、麻埔洞一带进犯的日军，毙伤敌军30余人。

1944年

4月3日，增城日军200多人包围博罗源头茹屋村，抗日军民与敌血战三昼夜，毙日军少佐指挥官以下70余人，伤敌数十人。

5月8日，第三大队与第五大队夹击偷袭东江纵队领导机关的日军加藤大队，日军伤亡近百人，大队长加藤剖腹自杀。

5月14日，港九大队短枪队夜袭香港启德机场，炸毁日军油库1座、飞机1架。

8月，中共广东省临委和东江军政委员会召开土洋会议，作出全面发展广东人民抗日武装斗争的部署。

11 月 30 日，港九大队海上中队 3 艘武装船，攻击 1 艘日军运输船，生俘 7 人，其余全歼。

1945 年

1 月 19 日，宝安大队会同宝安县沙湾、李朗、布吉群众千余人展开广九铁路破袭战，摧毁炮楼 6 座，剪断电话线，使日军火车相撞，敌死 9 人，其中少佐 2 人。

1 月，广东省临委决定将领导机关迁往罗浮山，并派出两支部队进入北江开展武装斗争。

3 月中旬，西北支队第一大队在北江西岸的南坑伏击日军船队，日军 70 余人被歼。

5 月，东江纵队司令部、政治部先后移驻罗浮山。

6 月中旬，根据中共中央关于迅速派部队向北挺进，迎接三五九旅南下支队创建五岭抗日根据地的指示，东江纵队先行派出何通、张英率独立第一大队及古岭大队为挺进粤北先头部队。

7 月 6 日至 22 日，广东省临委召开罗浮山会议，决定成立中共广东区党委，尹林平任书记，统一领导广东包括南路的党政军民工作。

8 月 15 日，朱德总司令给侵华日军最高指挥官冈村宁次的命令中指出："在广东的日军由你指定广东的代表至华南抗日纵队东莞地区，接受曾生将军的命令。”

8月18日，曾生以中国解放区抗日军华南抗日纵队司令的名义，给日本南支派遣军最高指挥官田中久一下达投降命令。

9月16日，中共广东区党委召开干部会议，作出反击国民党军事进攻和分散坚持斗争的部署并报中共中央。

10月10日，中国共产党和国民党在重庆谈判，签署了国共双方代表会谈纪要(《双十协定》)。

1946年

1月，广东国民党当局调集6万余名兵力向东江、北江、粤北地区疯狂进攻。

5月21日，国共双方就东江纵队北撤问题达成最后协议。

6月30日，3艘满载2583名北撤人员的登陆舰起航驶离大鹏湾。

7月5日，北撤部队抵达山东烟台，受到当地军民的热烈欢迎。

参考书目

1. 广东省档案馆.东江纵队史料[M].广州:广东人民出版社,1984.

2. 中共东莞市委党史研究室.怀念王作尧将军[M].广州:广东人民出版社,1991.

3.《东江纵队史》编写组.东江纵队史[M].广州:广东人民出版社,1995.

4.《东江纵队志》编辑委员会.东江纵队志[M].北京:解放军出版社,2003.

5. 叶文益.张文彬传[M].北京:中共党史出版社,2014.

6. 中共广东省委党史研究室,广州地区老游击战士联谊会,广州地区老游击战士联谊会东江纵队分会.东江纵队图文集[M].北京:中共党史出版社,2015.

7. 陈启文.东江纵队[M].广州:花城出版社,2016.

8. 陈立平.曾生传[M].广州:广东人民出版社,2021.